もう親のことで悩まない本

心理カウンセラー
石原加受子

きずな出版

はじめに

親が歳を取ってくると、親に会うたびに、弱気な発言が多くなって、

「同居をするようにと、暗黙のプレッシャーをかけてきます」

と相談されたり、

「まだ、元気なので別々に暮らしていますが、同居の問題、介護の問題など、どう対処していいか、なかなか決められない」

といった相談が増えています。

同居については、嫁姑（舅）の問題があります。夫のほうが婿として同居するという話も、最近では珍しくありません。

子ども自身は同居するつもりがなくても、親のほうはいまだに同居の夢を捨て

きれず、

「実家に戻ってこないか」

と言われたり、

「実家の敷地内に新築したらどうだ」

といった話をされるたびに、逆に、

「親と距離を置きたくなります」

という人たちもいます。

子どもとしては、

「いまはまだ、両親も元気だからいいんですが、年々親は年老いていくので、親の問題をいつまでも避けてはいられない」

と頭でわかっているつもりであっても、実際には、

「どう付き合っていけばいいのか、わからない」

という悩む子どもたちも少なくありません。

ひと昔前は親の面倒をみるのは当たり前

親子の問題はいつの時代も普遍的な問題で、基本的に大きな変化が起こっているわけではないのですが、細かいところでは、数十年前の親子問題と現代の親子問題とでは、かなりその状況も事情も変わってきています。

ひと昔前は家族との問題が起こっても、一家の長であるところの父親の権威が強かったため、「親の言いつけに逆らってはいけない。親の望みや期待に沿わない選択をすれば、親に勘当されてもしかたがない」といった、個々の人権を無視した考え方が圧倒的でした。

「老いては子に従え」という言葉があります。これは逆に考えれば、親が老いるまでは、子どもは「親に従え」という捉え方もできるのです。

そんな親子あるいは一族密着型の家族であったために、親も子どもも、「親が年老いたら、一緒に暮らして親の面倒をみなければならない」ということに、たいして疑問を抱いてもいませんでした。

そんな期待は、親が子ども時代であったときに親の親から刷り込まれています。そのために、依存性の高い親ほど、「子どもが親の面倒をみるのが当たり前」という気持ちを強く抱いていて、今でも期待している親は少なくないでしょう。

昨今は、独居老人がますます増えています。しかし、こんな時代がくるとは露ほども考えてはおらず、少なくとも、親は子どもが親の面倒をみることを疑っていなかったからこそ、「いま頑張れば、未来に安泰の生活と幸せが待っている」を信じて、馬車馬のごとく働いてきた世代でもあるでしょう。

親世代は男女平等の価値観がわからない

家族形態も社会構造も、戦後から現代に至るまでの間に様変わりしてしまいました。

例えば家族構成は、祖父母、父母、そして子どもという三世代同居は当たり前でした。しかも、三世代が同居していても、一家の大黒柱が一人働けば、充分とは言わないけれども、どうにか暮らしていけました。

今も昔も男性優位の社会は変わりませんが、特に女性は男性の下に置かれ、「男は働いて稼ぐ、家族を養う。女は家にいて、家事と育児をして家庭を守る」というはっきりとした役割分担がありました。

立場的にも家長たる夫が優位に立って、妻は夫を立てるというのが、当たり前でした。

以心伝心《いしんでんしん》という言葉も、その言葉から感じる「相手と、黙っていても心が通い合う」という意味で用いられるわけではなく、女は男の挙手動作に目を配り心を配り、夫が何も言わなくても、すぐに察して夫の望むような行動をする、ということが「女の鑑《かがみ》」のように言われていた時代です。

男は男で、滅私奉公が当たり前の時代でした。家庭よりも仕事を優先することが、〝美徳〟のように思われて、また、そんな夫を陰で支えるのが妻の美徳でもあったのです。

その後の息子世代も、企業戦士という言葉があるように、高度成長期の波に乗って「イケイケ、どんどん」と自ら発破《はっぱ》をかけて、いまは我慢のしどころ、踏ん張りどき、いまを乗り切れば、バラ色の人生とまではいかないけれども、「老後には経済的にも安定した、穏やかで幸せな生活が待っている」

そう思い込んで身を粉にして働いてきた世代です。

「いま頑張れるのは、未来において、子どもや孫に囲まれた幸せな日々が待っているからだ」

という漠然とした想いは、明確に自覚されていたわけではないのかもしれませんが、無意識下では「当然のように思っていた」のではないでしょうか。

そういった親世代にとって、男女平等という価値観を認めることはできません。それ以前に、そんな価値観そのものを、ほぼ理解できません。

あるいは、仮にそれを理解できたとしても、認めた瞬間、自分のこれまでの存在価値は崩れてしまいます。だからいまもって、認めるわけにはいかないのです。

古すぎる価値観を押しつける親

世界では、性別による差別や不平等をなくし、「ジェンダーの平等」を達成しようという動きが広まってきています。しかしそんな活動とは裏腹に、実生活の場面での不平等は改善されるより、経済面ではむしろ格差は拡大するばかりですし、同様に、精神面での世代のギャップが縮まるどころか、いっそう対立していく傾向にあるようです。

親に対して、子どものこんなぼやきが聞かれます。

「いまだに、家事や子育ては女の仕事という先入観が強くて、それを押しつけてくるので閉口しています」

仕事がうまくいって昇進しても、父親は、

「家のことは、ちゃんとやっているのか」

と水を差すような発言をします。

母親も、

「お母さんが仕事優先じゃ、子どもがかわいそうなんじゃないの」

と否定的です。

孫娘や孫息子に対しても、

「女の子だから、これぐらいできないとね」

「男の子は、そんなことするもんじゃないわよ」

などと、古すぎる価値観をかざして躾けようとするので、親と絶えず衝突してしまいます。


いまや高齢者は社会のお荷物？


昭和の時代は、ますます遠くなっていきます。

生活こそ質素でしたが、三世代の家族が同居していても、それなりに暮らしていけました。

けれども、現代は違います。

夫も妻も働かなければ家計が苦しいという家庭が大半です。

女性も仕事で能力を活かしたいというのは建前で、実態は職を選ぶ余裕もなく、「妻も働かなくては食べていけない」というふうになっています。

そのために、とにかく派遣でもパートでも、お金を稼ぐというのが、最優先されてしまうというのが現実です。

社会構造そのものが、大きく変化してしまい、親子の価値観にジェネレーションギャップが生まれるのは、当然のことなのです。

価値観の違いは仕方のないことです。

それはそれとして、お互いに認め合えれば、トラブルは起こりにくいでしょう。けれども、問題は、それぞれが、自分の価値観を主張したり、相手にそれを押しつけて争ったりしてしまうことです。

「こんなに懸命に働いてきたのは、未来を信じたからだ。まさか、こんなことになるなんて、想像だにしなかった」

という親子の断絶に失望しているのは、むしろ、親のほうでしょう。

彼らの世代には、パソコンやスマホといった最新機器はありませんでした。テレビや掃除機を初めて目にしたという時期に育った世代です。

祖父母や両親の世代間では、まだ、親子でも意識の差は大きくは違っていませんでした。

「敬老の日」は単に休日というわけではなく、高齢者は、若い頃に社会に貢献した人たちとして、周囲も高齢者に尊敬の念を抱いていました。電車やバスでは、わざわざシルバーシートを設けなくても、席を譲ることに疑問を抱くこともありませんでした。

しかしいまや、〝老害〟と言われているように、非生産的な高齢者は社会のお荷物とされ、廃棄したくても廃棄する場所がなく、廃品回収してくれるところもないという扱いを受けています。

親子関係の問題の根っこは「仕事優先」のツケ

もっともいまの高齢者である親たちは、ある意味、自業自得と言えるかもしれません。

率直に言うと、働き盛りだった頃の親は仕事オンリーで、家庭や子どもを犠牲にしてきた世代とも言えるからです。

当時の一般社会は「家庭よりも仕事優先」という〝掟〟に逆らえず、ときには家族が犠牲を払って、一家で全国を転々としたり、夫だけの単身赴任ということも珍しいことではありませんでした。

社会を戦場にたとえて企業戦士として、「家族を優先する、家族を大事にする」よりも、「家族を犠牲にしてでも、会社に尽くす。社会のために戦う」という競争原理の波に呑まれて、父親不在の家庭が少なくありませんでした。

そんな父親不在の結果、とりわけ父親に対して子どもたちは、どう付き合えばいいかを学ぶチャンスに乏しかったという実際面での問題も横たわっています。

これまで家族としての問題を、言わば親子三代に渡って避けてきて向き合ってこなかった、そのしわ寄せが、孫世代になったとき、同居問題、介護問題、遺産問題といった現実的な問題として押し寄せてきている、ということがいまの親子問題の根っこに潜んでいるのです。

気がつけば親の問題は人生の問題

筆者は「自分中心」「他者中心」という概念を基盤にして「自分中心心理学」を提唱し続け35年ほどになります。

簡単に言うと、「自分中心」というのは、自分の気持ち、感情、意志を大事にする生き方です。物事を判断するときも、自分のほうに軸を置き、自分の心を基準にして決めます。自分の心を裏切らない。自分を否定しない。どんな自分であっても自分を受け入れ、認めて、可能な限り「自分の心に沿った選択をする」という生き方です。

また、自分の気持ちを大事にする、その中に、喜びや満足感を見いだし、自己信頼を高めていくことを目指します。

他方、「他者中心」というのは、物事を判断したり決めたりするとき、外側に、その決め手となる情報を求めます。自分の意識の目は自分ではなく、常に他者や外側に注がれています。自分の気持ちよりも、一般常識、ルール、規範、規則といったものを、判断や決定の決め手とします。

そのために、自分の気持ちで決めるということができません。そもそも、自分の心に焦点が当たっていないので、自分の気持ちがわかりません。仮に、自分の気持ちや感情に気づいたとしても、自分の思いや気持ちを、自信をもって優先することができません。

自分では決められないので、絶えず不安や焦りや恐れに晒《さら》されることになるでしょう。

そうやって、どんどん自分を見失っていくので、他者中心の生き方をしている人ほど、自分を苦しめることになるでしょう。

親子の問題も、突き詰めれば「他者中心に生きてきた」ことで、何十年経っても解消されないままであったことが、「いまの問題」となって浮上してきているといえるものです。いわば親子の問題は、あなたの「人生」の問題なのです。

自分中心心理学では、もう一つ、「選択の責任」という捉え方があります。これは、わかりやすく言うと「私を認める」、「相手を認める」ということです。

他者中心では特に「お互いを認め合う」ことができずに、相手の領域に無断で侵入したり、気づかずに侵入させたりしています。

本文でも折々に取り上げますが、具体的には、この、心も含めて相手の領域に土足で侵入してしまうことが、災いのほとんどの元凶となっていると言っても過言ではないのです。

では早速、親の問題で悩まない道を本書の相談例を基に探っていきましょう。

もくじ

はじめに

第1章 なぜか親とは、気が合わない

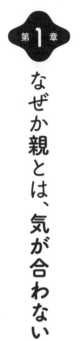

第2章

いい娘、いい息子を演じられない

第3章 この介護、いつまで続くのか

第4章

親の借金に、もう泣かされたくない

第5章

もう限界、親とは縁を切りたい

第6章

親不孝な自分を、許すことができない

第7章 子と親でともに「育て直し」をする

カバー・本文デザイン／やもりデザイン
イラスト／花島ゆき
校正／鴎来堂

第1章

なぜか親とは、気が合わない

愚痴っぽい母親には、うんざりなんです

母親の愚痴に閉口しているという子どもからの相談は、少なくありません。

母親からしばらく連絡がこないと、「どうしているかな」と気になるものの、自分から電話をするのは億劫です。

母親から電話がかかってきても、気持ちが引いてしまいます。意を決して電話にでると、「待ってました」とばかりに愚痴がはじまるのが常だからです。

「こんな態度を取ってしまう私は、薄情なのかな」とも思うのですが、我慢して聞いているのが苦痛でたまりません。

大半は、父の愚痴です。
電話に出ないと、親不孝だと罵られたり、
「娘にも見捨てられてしまった」などと、愚痴の矛先が私にむかいます
ときには、
「どうせもう、長くは生きないんだから」
などといった脅し文句も言ってきます。
愚痴ばかり言っている母親にもううんざりなんです。

（A子さん　東京都　52歳　既婚）

母親の愚痴は「親夫婦の問題」に原因が

これは、突き詰めれば「親夫婦の問題」です。
そもそも、どうして母親は父親の愚痴を娘にこぼすのでしょうか。それは「不満の

張本人」には、言えないからです。少なくとも母親は、そう思い込んでいます。

喧嘩するような言い方で感情的に言い合うことはあるでしょうが、お互いに、相手と向き合って、問題を解決したり、改善したりできるような発展的な会話はしてこなかったという夫婦関係が、そこに表れています。もちろんその中には、「向き合う恐れ」が潜んでいます。

また、そんな母親が、自分たちの問題を娘や息子に話をするということは、言外に、問題が起こっても、

「誰かに不満があったとしても、我慢しなければならない。不満を口に出すと、相手と争いになるので、本人に直接言ってはいけない」

ということを子どもたちに刷り込むことになります。

また、問題が起こっても、「当事者同士が向き合って話すことはできない」という無力感を子どもたちに植え込むことになるでしょう。

母親の愚痴を聞くのが辛いにもかかわらず、我慢して、苦痛に感じても断ることができずに、ネガティブな態度をとって暗にわかってもらおうとするような振る舞い

も、無力感の表れの一つだと言えるでしょう。

母親の愚痴は娘の関心を引く手段

では、娘がネガティブな気持ちを抱きながら母親の愚痴に付き合うという行為は、好ましいことでしょうか。

まず娘が「母親の愚痴に付き合うのが苦痛」というほどになっているのであれば、母親はどんなに娘に愚痴をこぼしても、決して満足していないということになります。

娘が愚痴に付き合うことで、母親が少しずつでも満足していけば、愚痴は減るはずです。ところが実際には、増えることはあったとしても、減ることはないでしょう。

どうしてでしょうか。

それは、「愚痴をこぼす」というやり方そのものが、娘とのコミュニケーションとなっているからです。愚痴をこぼせば、娘が自分と付き合ってくれるのですから、その方法を捨てるわけがありません。

例えば問題解決のために、母親が父親の愚痴をこぼすとき、折に触れて、

「そのことは、私に言うより、直接お父さんに言ってほしいなあ」

と断る姿勢を示したり、

「言いにくいのだったら、私も一緒に、お父さんに言ってあげてもいいけれども、どう？」

などとアドバイスすることができます。

ただ、そう伝えても、母親がそれを実行することは、ほぼないでしょう。なぜなら「娘に愚痴をこぼす」という方法で、〝娘と関わっていたい〟というのが、母親の無意識の目的となっているからです。

愚痴を言えば、娘が相手をしてくれます。愚痴をこぼせば、いつでも娘の関心を引くことができます。こんなに便利で都合のいいアイテムを、母親が手放すわけがありません。

母親の愚痴を聞いてあげないと罪悪感が起こります。これは「相手の同情をひく」という方法で相手を従わせようとする支配です。無意識ですが、相手の罪悪感を巧み

に利用しています。こんな支配を自分中心心理学では、「同情の支配」と呼んでいます。

「同情の支配」は、罪悪感を揺さぶります。けれども、その罪悪感は、決して〝愛〟ではありません。母親が、娘に罪悪感を覚えさせることで、娘をコントロールしようとしているのです。

本当の愛ではないから、母親の愚痴に付き合えば付き合うほど、母も娘も〝依存性が強くなって〟、不適切に密着してしまいます。決して、良い結果にもなりません。

何でも口出ししてくる親の存在

「もともと、口出しされるのが嫌で結婚を急いだようなものです」と、その女性は言いました。

一時期は収まっていたものの、子どもが生まれてから、元の関係に戻ってしまいました。
最初に衝突したのは、子どもの名前を決めるときでした。まだ生まれてもいないのに、「女だったら、この名前。男だったら、この名前」と押しつけてきます。
私たち夫婦で決めると主張しても、「有名な姓名判断の先生に鑑定してもらったんだから」と譲りませんでした。「違った名前にするなら、金を返せ」とまで言われて、結局、誕生した息子の名前は、母親に押し切られてしまいました。

それからはもう、同居しているわけではないのに、いきなりやってきてはドカドカと上がり込みます。この前は、不在のときに来たようで、「せっかく料理をもってきたのにいないから、一人で全部食べちゃったよ」などと、嫌みを返すことも忘れません。

「あなたのために言っているのよ」

が口癖で、最近では、私だけでなく、孫にまで口出しをしています。台所の奥で聞いていると、

「こんな時間まで、何をしていたの。お友だちの親御さんも何を考えているんだろうね。そんなお友だち、あなたにふさわしくないいんじゃないの」

などと孫の友だちにまで難癖をつけ、ほとほと手を焼いています。

（B子さん　38歳　神奈川県　既婚）

自分の存在価値のために子どもにしがみつく母親

多くの母親に、「自分のために何がしたいですか」と尋ねても、ほとんどの人たちが返答に窮《きゅう》します。

母親が「あなたのために」と言うように、母親は、「あなたのために生きてきた」けれども、母親自身は「自分のために生きてこなかった」のです。年老いていくにつれて、子どものためだけに生きてきた人ほど、子どもたちが独立していくと、自分一人が取り残されてしまったかのような寂しさに襲われるでしょう。そんなやるせなさや無念さが、子どもにしがみつく結果となっています。

せめて子どもには、自分の存在価値を認めてもらいたい、無意識にそう思っています。子どもにしがみつきながら、いまなお自分が実現できなかった理想や夢を、子どもや孫に託そうとしてしまう母親も少なくないでしょう。

そんな母親の口癖は、「あなたのために」だけではなく、

「あなたが心配だから言っているのよ」

です。

「連絡がこないから、心配したよ」

といった言い方も、決して掛け値なしの愛情からではありません。

その中には、

「あなたがすぐに折り返し電話をくれれば、私はこんなに心配しなくてすんだのに」

といった恨みがましさがこもっています。だから、子どもは苦しくなるのです。

さらに子どもが「親を心配させてしまった」という罪悪感を抱けば、苦痛を覚えながらも、いっそう母親の言いなりになってしまうかもしれません。

見せかけの愛情による支配

一見、母親の言うことは、正しいことのように感じるかもしれません。

料理を作ってくれた。

孫にプレゼントをしてくれた。

夫の誕生日に、ホテルでの食事を設定してくれた。

こまごまと、孫の世話をしてくれる。

家の掃除や家事をやってくれる。

こんなふうに考えると、すべて母親のほうが適切で、子どもは、自分は劣った存在のような気がしてくるでしょう。

けれどもそんな方法で、母親は、子どもに恩を売ることで、子どもにしがみつこうとしています。そうやって、一見〝愛情〟のように見せかけた方法で支配して、

「私の望む通りにしないと、許さない」

あるいは、

「黙って親の言う通りに従っていれば、間違いないのよ」

という言い方で、束縛してきます。

そうやってしがみついてくる母親から逃れたい一心で、つい子どものほうも感情的になって言い争ってしまったら、いっそう二人の関係は、心理的に離れられなくなってしまいます。

「喧嘩して仲直りして。喧嘩して仲直りして」を繰り返しているのでしたら、すでに、そんな関係に陥っています。

まずは、子どもはそんな関係を自覚しましょう。

「あ、そうなんだ。これは、愛情ではないんだ。感謝すべきことではなくて、もっと、私の気持ちのほうを優先していいんだ」

そう自覚するだけでも、罪悪感を軽くすることができます。

友だち親子なんて、ウチではあり得ない

どうして親子であんなに親しくしていられるんだろう、不思議でならないと、ある男性は相談中に訴えました。

母親は、小さいころが一番良かったと言います。近所でも評判の仲良し親子で、私を自慢に思っていたようです。

けれども今更、そんな昔のことを持ち出されても、逆に、いまの自分を否定されているようで、余計に腹が立ちます。

「あのときは、あんなふうに、優しくしてくれた」

「こんなときは、こんなふうに受け止めてくれた」と、私にとっては記憶にも残っていないような昔話をされると、逆に「そうしない自分」を責められているようにしか聞こえません。

親ももう歳だから心細いんだろうと理解するように努力していますが、いざ現実になると、親の話には、耳を閉ざしたくなります。いまの私にとっては、同じ屋根の下に住んでいても、赤の他人のように心が動かないのです。

（C男さん　埼玉県　48歳　既婚）

親も子も、お互いの「自由」を認める

大人になっても仲の良い親子、兄弟姉妹はいます。そんな人たちの姿を見ていると、すべての人たちがこんなだったら、本当に世界は平和だろうなと、つい思ってしまいます。

ただ、そんな関係が成立するかどうかは、家族全員が「選択の責任」を自覚しているかどうかにかかってきます。簡単に言うと、「私を認める、相手を認める」関係です。自他を「認める」ということは、それぞれに、相手の生き方を認めるということです。時には、相手の選択が間違っているように見えても、相手の生き方が好ましくない生き方のように思えても、それを認めるということです。

相手がどんな生き方をしようが、どんな考え方、どんな行動をしようが、〝私の自由〟あるいは〝相手の自由〟と認められるかどうか、です。

日常的な話で言うと、ほんとうに些細なことです。

家族と一緒にレストランに行きたいと思っても、親が子どもたちを強引に連れていくことはできません。子どもたちの気持ちを尊重する必要があります。

同様に、子どもがレストランに行きたくないと思ったら、親が誘ってきても、行く自由、断る自由があります。子どもであっても、親はそれを強制することはできません。そんな自由をお互いが認め合えたら、心の通い合った建設的な「話し合い」もできるでしょう。

この「選択の責任」は、非常に重要なことなので、文中でいろいろな例を出すので、理解していただければと思います。

いくつになっても自立できない親子

母親の干渉や過保護に悩む子どもたちほど、「子どものころは、とても仲良し親子でした」という人たちが少なくありません。母親のほうも、「娘（息子）が子どものころがいちばん楽しかった」といった話をよく聞きます。

しかし子どもが次第に成長していくにつれて、家で通用していることが、社会では通用しないのだと気づきはじめます。

例えば家では、母親が何でも準備してくれます。自分は何もしなくても、快適な空間を用意してくれます。言葉で伝えなくても、不都合なことは母親が察して、対処してくれます。

家では、それが当たり前でした。

けれども、社会に出れば、違います。

どう行動したらいいかわからずぼんやりしていても、母親のように「あれやって、これやって」と、教えてくれる人は誰もいません。反対に、つい親が家でやっているように、

「これやって、あれやって」

と一方的な言い方をすれば、相手は不快に感じて離れていくでしょう。

黙って従うか、一方的に命令するか、というコミュニケーションの取り方では孤立するばかりでしょう。そうなって初めて、子どもは自分の親子関係が普通ではなかったと気づきます。

しかし気づいても、それ以外の方法を知らないので、だんだん他者と関わるのが辛くなったり煩わしく感じたりしていきます。

あるとき息子が仕事を辞めると、それを機に、家に籠もってしまったというケースの相談もありました。

自分たちの老後を子どもに託そうと期待していた親は、「こんなはずではなかった」

と当てが外れて焦ります。逆に老いていく自分たちが、「死ぬまで子どもの面倒をみなければならないのか」

そんな不安や恐れに駆られながら、子どもに発破をかければ、ますます状況は悪化していくでしょう。

いくつになっても自立できない親子も少なくありません。本人たちは仲が良いと信じています。例えばそんな、母親と密着度の強い息子が結婚すれば、嫁は孤立して、姑を挟んで、争いの絶えない悲惨な結婚生活になるかもしれません。

それが高じて離婚にまで発展し、息子が単身で老親を介護しなければならないというケースも増えています。

その仲の良さが、お互いを認め合った関係であるかどうか。そうでなければ、そのねじれは、こんな形で現実化していくのです。

親が心理的に支配してくる

両親と同じ敷地内に住まわれている方からの相談です。同居や二世帯住宅の方からの悩みもよくうかがいます。

子どもも大きくなって手狭になったので、親の敷地内に、一軒家を建てることにしました。妻には、別所帯であることで、説き伏せて納得してもらいました。けれども実際に住み始めると、なんだかんだとお節介を焼き、たびたび自宅に妻を呼び寄せます。母親としては嫁の教育をしているつもりでしょうが、正直、迷惑です。

母親と妻との間で問題が起こると、私のほうにとばっちりが飛んできて、母親と妻の間で右往左往しています。

妻は土日ぐらい家族でゆっくり過ごしたいと言いますが、私は両親を誘わないと罪悪感が起こります。この前、家族で一泊旅行に車で出かけようとしたとき、「あら、お出かけなの？　家族でいいわね」と嫌みっぽく言われました。それ以上は詮索されなかったので、胸をなで下ろしたのですが、親にコソコソ隠れて動いているような生活が、続いています。

まだ父親が健在なのでいいのですが、もし、父親が先に亡くなってしまったら妻と母がどうなってしまうのかと、いまから戦々恐々としています。


（D男さん　埼玉県　45歳　既婚）

無理して「よい妻」「よい姑」を演じない

まず、自分自身が「両親」と「自分たち」とは、別所帯だと自覚することです。

とりわけ母親と息子の密着度が高いと、依然として自分の実家のほうを、「家族」であるかのように錯覚してしまいます。血のつながりは濃いものです。妻は赤の他人と割り切れても、親を赤の他人と割り切れないものです。

そうだからこそ、赤の他人とは言わないまでも「別々の家族」という認識はもっておくべきでしょう。

息子はついつい、親孝行を妻に任せたがります。息子は妻に両親の世話を預けて、自分が親孝行をしたつもりになりがちです。しかし、親の顔色をうかがってばかりいると、妻との関係が険悪になっていかないとも限りません。

それぞれに両親が居ます。

妻は妻で、自分の実家の両親のほうが気になるものです。

ですから、いまの時代は、「嫁が義父母の面倒をみる」という通念を外して、息子である自分自身が親の面倒をみる。妻の両親は、妻自身が面倒をみる。それぞれが、自分の親の面倒をみるというような割り切り方でもいいのではないでしょうか。

妻も母親も、それぞれに、嫁と姑というレッテル貼りから卒業したほうが望ましいでしょう。

無理に自分の気持ちを曲げて、お互いに良い姑、良い妻を演じようとすると、どこかで無理が生じます。

争うというのは、そんな無理が生じた結果であることがほとんどです。ですから、無理をすればするほど、争いはエスカレートします。

夫が妻に「嫁」を強制したり、妻が自ら自分に「嫁」を強制すれば、つらくなるばかりです。そんな古くさい概念からは、夫婦共々、卒業しましょう。

パートナーの親とは「お隣さん」感覚で適度な距離を

どんなに嫁が尽くしても、結局、母親にとっては嫁よりも息子のほうが大事です。

姑は近所の人たちに嫁の悪口を言いふらし、嫁は実家で親や友人に不満をこぼす、というのはよくある話です。

息子としては、親にしてあげたいことは、妻にそれを要求するのではなく、「自分自身でする」と決めることです。これだけでも風通しのいい関係を築くことができるでしょう。

例えば息子である自分が、実家に顔を出して、実家で食事をしたり、休日には実家で過ごすなどすれば、母親も満足するでしょう。

また、妻と母親との問題は、息子である自分がなんとかしようと考えないことです。妻と母親の間に立って、間を取り持とうとすればこじれるだけです。

妻のほうも、「お隣さん」感覚でいたいもの。夫の親という見方を外すと、単にお隣の老夫婦です。

こんな割り切り方ができれば、妻と母親の関係は、嫁と姑ではなく、女性と女性の関係になります。こんなお隣さん感覚を基準にすれば、適切な距離で付き合えるため、かえって、親しくできるのではないでしょうか。

親子でぶつかるのは、同じことを学習しているから

仲の良さ悪さはそれぞれの家庭によって異なりますが、仲の良い家族はいつも仲が良く、争い合う家族はいつも争っています。

どうしてだと思いますか？

それは、親子共々、同じ言動パターンで動いているからです。

例えば、いつも親が小言ばかり言って子どもを叱っていれば、仲の良い親子の姿は想像できません。もっとが親に反発したり反抗したりして、いっそう親を苛立たせる行動をするでしょう。親はさらに、小言を言うことになるでしょう。

こんな日常が展開していると、子どもは、親に対して反発するだけではありません。「親の言動パターン」も学びます。

あるときスーパーの駐車場で、二人の男性が車から降りてきました。一人は年老いているものの、顔の造作が似ているので、親子なのだとすぐにわかりました。

息子だと思われる男性は、

「おやじがモタモタしていたから、遅くなったんじゃないか」

と、とても乱暴な口を利きます。

話の内容はよく聞こえないのですが、息子は、何か言うたびに、親を小突きます。

親は黙って従うだけです。

そんな光景を目にすると、「ひどい息子だなあ」と思うでしょう。

けれども、もっとクールな見方をすれば、

「父親が、息子が小さいときに、やっていたことだな。年老いた父親が、いま、息子から同じ仕打ちを受けている」

と判断することもできるのです。

年老いた親が、どんな老後を迎えるのか。子どもも同じ言動パターンを学ぶという観点からすると、「過去に自分のやったことが、自分に返ってくる」という見方もできるのです。

親の愚痴は負担にならない範囲を原則とする

親はどうしても、自分の愛を押しつけようとします。

親の気持ちを考えると、それを負担に感じても拒否できません。拒否すれば、罪悪感が起こるからです。

こんなとき、自分中心心理学では、「自分の気持ちや感情を基準にしましょう」と伝えています。

子どもと親とは、言動パターンは家庭で学習し合うために似ています。それでも、社会状況は違います。異なる世代で育っているために、理解し合えないところも少なくありません。

「母親は苦労して私を育ててくれたのだから、これぐらい、我慢して聞いてあげなくちゃ」

ではなく、むしろ、「我慢するのはやめよう」と決めることです。

例えば母親の愚痴に付き合うとき、「〝今〟、自分が負担に感じるかどうか」を基準にしましょう。

母親の愚痴を聞くのも「私が苦痛に感じない」範囲で聞く。しばらく話を聞いているうちに、「少しつらくなってきたなあ」と感じてきたら、そろそろ「切り上げどき」が近づいているというシグナルです。そんな警報を感じたら、自分の気持ちのほうを優先して、

「もっと聞いてあげたいけれど、ちょっとつらくなってきたなあ。今日はここらで終わりにして、一緒に買い物に行かない?」

などと答えたらどうでしょうか。

断って母親を傷つけたくないと思うかもしれませんが、自分の「負担に感じるかどうか」を基準にしたほうが、反対に、母親の愚痴に対して、もっと温かい気持ちで聞くことができるに違いありません。

まずはあなた自身が親から自立を

しばしば親は、子どもへの愛情を押し売りしてきます。

そんなとき、そんな親と対立するよりは、子ども自身が、親から自立しましょう。

それができれば、例えば前出の例のように娘が親の押し売りを負担に感じたときにも、「いつも助けてくれてありがとう。でも、連絡もなしにいきなりこられると、いつも気にしてしまうのね。だから、くるときは、連絡してほしいんだ」

などと、やさしく断ることができるでしょう。

どんなに親の気持ちを理解できるとしても、もし自分がそれを負担に感じるとしたら、「これは、愛情ではないんだ。感謝すべきことではないんだ」

そう自覚できれば、少し罪悪感も軽くなるでしょう。

そして、我慢するよりは、

「もっと、私の気持ちのほうを優先しよう」

そう決めてほしいものです。

こんなふうに、自分の気持ちを優先したほうが、むしろ、相手と適切な距離を保てるのです。

依存性が強い親ほど子どもにしがみつく

息子が結婚して子どもが生まれれば、親の目には「〇〇家」の子どもと映ります。跡取り息子となればなおさらでしょう。

「〇〇家の子どもだから、教育方針も〝家〟のほうにあるし、嫁はそれに従わなければならない」と思うでしょう。

こんなとき、息子夫婦が、自分たち家族が主体であって、それぞれの義父母はその外側に位置するという捉え方をすることができれば、

「子どもの教育は、私たち夫婦が話し合って決める」

というきっぱりとした姿勢を保つことができるでしょう。

例えば姑が自分の考えで、子どもたちの教育に口を挟んで来たとしても、

「お義母さんのお気持ちは、わかります。ありがとうございます。確かにおっしゃるとおりですね。この件は、お義母さんの意見を参考にさせていただきながら、私たちで、しっかり方針を決めたいと思います」

などと、迷いなく断ることができるでしょう。

そんな毅然《きぜん》とした態度で臨めば、次第に姑も、口を挟むのをやめていくでしょう。

親と子の関わり方は、ダイレクトに老後の介護問題に関係してきます。依存性が強い親ほど、子どもにしがみつこうとするので、深刻化しやすくなっていきます。

お互いに、自立心を育てていって、親も、

「子どもや孫に依存するのではなく、自分の生きがいを見いだそう」

というふうになっていくのが理想です。

そんな自立心は、心の健康だけでなく、肉体の健康にも良い作用をもたらします。

第2章

いい娘、いい息子を演じられない

なんで自分が面倒をみなきゃいけないの？

独身のある男性は、いつの間にか自分が面倒をみるという暗黙の了解ができてしまっているのが納得できないと言います。

世間的には、
親に感謝しなさい。
育ててもらった恩がある。
などと言います。
でも、私は、育ててもらったことよりも、精神的に苦労させられたという思いのほうが強くあります。

確かに、一緒に暮らしているので食事や洗濯や掃除はやってもらって、ありがたいと思っています。

でも僕も多少、多めに家にお金を入れているし、それなりに考えて、子どもとしても責任は果たしているつもりです。

姉と兄がいるのですが、さっさと結婚して独立してしまったので、雰囲気的には、僕が親の面倒をみるというのが、まるで暗黙の了解のようになっています。

姉にしろ、兄にしろ、「いまさら親を引き取って同居なんて」と思うのでしょう、両親の老後の話には触れません。

このままいくと、僕が親の面倒をみることになってしまいそうですが、どうして僕だけが親の面倒をみなくちゃいけないのかと思ってしまいます。

（E男さん　東京都　38歳　独身）

無意識のうちに親に依存していませんか？

確かに、姉も兄も独立してしまうと、心情的に「親を見捨てられない」という気持ちになるでしょう。しかし、最後に自分が残ったからといって、自分が面倒をみなければならないということはありません。

心理的な面から言うと、「親との確執が最も強かった子ども」が、親と暮らすという傾向があります。こだわりがあると、「家を離れたい」と思っても、なかなか実行できません。

例えば、「まだまだ、援助してもらいたい。でも、家を出ると、援助してくれないのではなかろうか」「まだ、一人で生計を立てていく自信がない」というふうに、その恐れから、なかなか家を出る決断ができないでしょう。

顕在意識では自分が貧乏くじを引いたような気持ちになるかもしれませんが、無意識のところでは、親に依存していたほうが安心できる、ということもあるのです。

逆に、依存心が強いと、「こんな親の面倒をみるのはたまらない」と思いつつも、独立することもできず、最後には、自分が恐れたように、不満を抱きながら面倒をみるような状況になるかもしれません。

親への不満の正体を突き止めてみる

そんな不本意な結果にならないためには、親との生活で、どんなところを不満に感じるかを突き止めてみることです。

家族と一緒に暮らしながらも、自分がどんなところに不満を抱いているか、案外気づいていないものです。それには、まず、「自分の気持ち」に気づく必要があります。

例えば、仕事から帰ると、いつも自分の部屋がきれいになっているとしましょう。自分では掃除をしてくれることに、「感謝しなければならない」と思っているかもしれません。けれども、よくよく自分の気持ちを観察すると、「母親が勝手に自分の部屋に入ってきて、掃除をする」ことに、不快感を覚えているかもしれません。

部屋に勝手に入って掃除する、ということは、他の場面でも、母親は同じことをしているはずです。勝手にあなたのものを捨てる、勝手に自分の買ってきたものを押しつける、といったふうに、あらゆる場面で、口出し、手出しをしているのではないでしょうか。あなたはそれを疎《うと》ましく思っている。「勝手に部屋に入って掃除する」というのは、その象徴かもしれません。

このとき、もし、あなたが、

「これからは、自分で掃除するから、無断で僕の部屋に入らないでほしいんだ」

と言えたとしたら、他の場面でも、母親が口出し、手出しをしてきたときに、次第に、「それをするときは、僕の了解を得てからしてほしいんだ」

などと、断ることができるようになるでしょう。

そうやって「口出し、手出し」という根本的な問題が解決できれば、一緒に住んでもいいと思うようになるかもしれませんし、家を出たいと思ったときにはためらいなく、家を出ると決めることができるでしょう。

そのときは、親のほうも夫婦水入らずで暮らしていこうと決められる親に育っているかもしれません。

親孝行はしたいけど、お金も時間もありません

母親と一緒に暮らしている女性は、こんな悩みを抱いていました。


思いもしなかったのですが、最近、母親が私にお金をせびるようになりました。

「仕事をしているんだから、今度はあなたが親の面倒をみる番じゃないの」

とはっきり言います。

お金を出したくないというわけではありません。母親が将来を不安に思っているのも理解できます。

でも、私だって、将来結婚するかどうかわかりませんし、もしかしたら一生独身で過ごすかもしれません。結婚しなかったら、誰も自分の面倒をみてくれる人がいないのだから、親よりも、自分の老後のことを考えます。

親孝行はしたいけど、金銭的にも時間にも余裕があるわけではありません。ときどき、私が結婚しないのは「親を捨てることができない」という思いが強くて、それでブレーキがかかっているのではないかと思ってしまいます。

かといって、結婚して、親と一緒に暮らすイメージはまったくありません。

こんな気持ちに、どうやって折り合いをつけたらいいのか、わかりません。

（F子さん　東京都　38歳　独身）

親の老後よりも気になる自分の老後

ほんとうは、娘も母親と似たような不安を抱いているはずです。

というのは、子どもは家庭で親の言動パターンを学ぶため、考えることも行動することも、似てくるので当たり前といえば当たり前です。

ですから、

「私は将来、結婚できるんだろうか。もし、結婚できなければ、お金が必要だ。老後のために蓄《たくわ》えておかなければならない」

などと、親の老後よりも、自分の老後のほうが心配になるでしょう。

また、相談にあるように、「親を捨てることができない」という思いが強いと、結婚のチャンスを自ら潰していくかもしれません。

例えばデートしているとき、自分ではそのつもりはなくても、

「（結婚して）遠くに離れてしまうと、あまり会えなくなるでしょうね」

と、恋人と一緒にいても母親のことを考えてしまいます。

「一人で暮らしたことないのよね」

「え、君、一人暮らししたことないの」

「ううん、母親のこと。生まれて一度も、ないの」

などと、会話の端々に「私との結婚は難しい」というメッセージを織り込みます。

「じゃあ、一緒に暮らしたら？」

「無理無理、ウチの親は、アクが強いから」

恋人がそんな話を真剣に受け止めれば、諦めていくでしょう。

母親に依存しているのは実は自分自身

こんなふうに、知らず知らずのうちに結婚相手を遠ざけてしまっているということもあるのです。

結婚しても、まったく縁が切れてしまうわけではありません。結婚しても、たびたび家に帰ることはできます。母親が、まったく一人で寂しい思いをするというのも、杞憂《きゆう》かもしれません。

誰にも気兼ねせず、一人暮らしを楽しんでいる高齢者が増えています。子どもたち夫婦と一緒に住むよりも、気が楽だという人たちも少なくありません。

いつか母親の介護が自分にのしかかってくる、というのは、娘が一方的に思い込んでいるだけで、もしかしたら、最後まで元気に生きて、「ピンピンコロリ」ということも充分にあり得ることです。晩年を楽しく、自由に生きている人ほど、「最後まで元気」という人たちが少なくありません。

ほんとうは、母親なしでやっていけるだろうか、と不安なのは娘自身なのかもしれません。母親よりも、娘自身が「自分の人生を生きよう」という気持ちになれば、未来をネガティブに捉えて不安になってしまう癖も減っていくのではないでしょうか。

こんな親の老後は面倒みたくない

「楽しい会話が一切ない家族でした」とある男性は言いました。

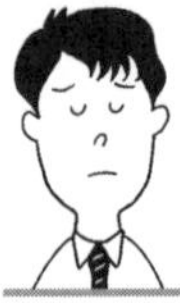

両親は仲が悪いので、家族で一緒に出かけても、その先々で、トゲトゲしい言葉のやり取りが勃発します。

例えば母親が、

「このお店、暗いね」

と言うと、

「お前の顔を見ないで済むから、料理がうまいよ」

などと父親はイヤミたっぷりに返します。

母親も負けてはいません。

「誰かさんの卑しい食べっぷりが見えないので、私も清々するわ」

などと、些細なことから口汚い罵り合いがはじまったりするので、聞かされている私のほうが、気分が滅入ります。

そもそも父親も母親も、人の悪口しか言いません。二人の会話の中で、感謝のことを言うなんて、皆無といっていいほど、聞いた記憶がありません。

こんな連中の介護なんて、考えただけでも身震いしたくなります。ひたすら、私たち子どもには迷惑をかけないで死んでくれることを願ってしまいます。

そんなふうに考えてしまう自分にときおり罪悪感を覚えたりもします。しかし実際に両親と会うと、罪悪感なんて一瞬にして吹っ飛んで、自分が「甘かった、愚かだった」と思ってしまうことの繰り返しです。


（G男さん　東京都　43歳　既婚）

親より自分を大事にするレッスンを！

根底のところで「人と勝ち負けを争う」意識を強く抱いている人たちは、〝話し合う〟ということができません。父親がああ言えば、母親がこう言うというふうに、二人の意見が「そうだね」と一致することは、まず、ありません。

彼らにとって「そうだね」と同意するのは、「相手に負けた」ということを意味するからです。お互いに負けるわけにはいかないので、相手をやり込めようとします。

こんな夫婦は、そもそも、ポジティブな会話が成立しません。

彼らは、相手と心の通った会話をすることを望んでいるわけではありません。そうするには、あまりにも、悔しさや憎しみが溜まりすぎていて、すでに手遅れです。

もはや、相手の言うことに反論することが、生き甲斐となっています。

だから、自動的に相手を否定する言葉を口にしています。相手を批判したりバカにしたりする言葉はすぐに思いつきます。しかもそれは、毎日「相手の揚げ足をとる」トレーニングを積んでいるようなものですから、慣れているし得意です。

本人たちはそれでいいのかもしれませんが、周囲にいる人たちは辟易《へきえき》します。もし息子のあなたが不快になるとしたら、その場面場面で、自分の気持ちに沿って決めることです。例えば極端だと思うかもしれませんが、「もう親と一緒には食事に行かない」と決めても間違ってはいません。

あるいは、一緒に行くとしても、予防線を張ることもできます。事前に、「一緒に行きたいけれども、この前のような会話になるから、行かないよ」「そんな会話になるとしたら、悪いけど、僕は不快だから途中で退席するよ」などと宣言することもできます。自分の意思を明確にさせるということです。

自分中心の意識になって、「自分の気持ちや感情」を中心にして、「自分を傷つけないために行動しよう」という視点から行動すれば親も次第に変わるかもしれません。

まずは、こんな小さな場面で「自分を大事にする」レッスンをやってみましょう。

そうやって「自分中心」の行動が身についていくにつれて、親との距離の取り方も、「親のため」ではなく「自分のために○○しよう」になりますし、また、どんな決断であったとしても、そんな自分を心から認めることができるでしょう。

親から離れ遠くに住んでいてよかった

帰省して顔を合わせると小言で、二度と会いたくないと思う経験を繰り返している相談者のケースです。

大学進学や就職を機に家を出るというのは、早いうちから決めていました。それ以外、揉めずに家を離れる方法がなかったからです。おふくろから電話があれば話をしますし、帰省もします。でも、家に帰るたびに「ああ、やっぱり、離れていてよかった」という結論に達します。

特におやじは口を開くと小言、難癖のオンパレードです。小言と難癖以外の言葉は記憶をたどっても、一つも出てきません。

「ああしろ、こうしろ、そうするな」といった命令口調は序の口で、

「お前が、こんなところに靴を脱いでいるから、躓《つまずき》きそうになったじゃないか」

「お前が急に声をかけるから、失敗したじゃないか」

「Aをする予定だったが、お前がきたから、できなかったんだよ」

などと、すべて「人のせい」にします。

こんなおやじだから、おやじが病気にでもなったら、おふくろは大変だろうなと同情してしまいます。

でも、おふくろには悪いと思いますが、こんな箸にも棒にも掛からないおやじの介護をするよりは、海外赴任して、海外で結婚したくもなります。結婚したら、結婚相手の家の入り婿になるのも悪くありませんね。

（H男さん　神奈川県　37歳　独身）

変わってくれたかと期待するも裏切られ続けて

この父親は相談者が帰省した直後こそ、神妙な態度をとることもあって、「もしかしたら、父親も歳だから、少し変わったのか」と期待を持ったこともあったそうですが、慣れてくると、すぐに元の顔に戻ってしまうそうです。

そしてやがて、延々と、

「何をやっているんだ。将来どうするんだ」

「もうそろそろ身を固めてもいいんじゃないか。それとも一生独身でいるつもりか」

「そんなに大事な仕事なのか。仕事なんて、似たようなもんだろう」

「外国じゃないと、仕事ができないってわけじゃないだろう」

といった愚痴ともつかない小言が始まるそうです。

そんなとき、相談者が少しでも反論しようものなら、感情的になって物に当たって、まさに「俺は頭にきているんだ」というポーズで、黙り込むのがいつものパター

ンです。そうやって精神的に追い詰めるやり方をするので、相談者は腸《はらわた》が煮えくりかえる思いで、

「だから、帰りたくなくなるんだよッ！」

と叫びたくなる衝動を抑えるのに必死になると言います。

強そうに振る舞う親ほど怯えている

父親としては、「結婚して、一緒に住んで、面倒みてくれたら安心できる」と言いたいのでしょう。子どもに弱みを見せたくない父親は、自分がそんな不安を抱いているなどとは、口が裂けても言えません。

息子の目には、そんな姿は横暴なだけの父親と映るでしょう。

けれどもこれは、父親と息子との「関係性」で起こっています。

例えば、どうして父親は、息子に期待するのでしょうか。それは、有り体に言うと、息子が父親に対して、優柔不断な態度をとっているからです。

はっきりとした態度をとらなければ、期待します。一見、強そうに振る舞う人ほど、内心では強い恐怖心を抱いています。息子が優柔不断な態度をとればとるほど、父親の恐怖心はますますつのります。その恐怖心を払拭したいがために、その思いを、息子にぶつけてしまうのです。

気がつかないうちに母親の「同情の支配」に乗せられている

こんな父親を持つと、つい、母親に同情して「母親を守らなければならない」と思ってしまうでしょう。

もし息子がそう思うとしたら、母親の「同情の支配」に乗せられているかもしれません。

母親は、正面から父親と対峙する勇気がありません。かといって、我慢を強いられるだけの人生も受け入れられません。そこで彼女の無意識が考えます。

「そうだ、子どもを味方につけて、一緒に攻撃しよう」

けれども息子が母親の味方になれば、二対一の戦いとなるので、そんな結託はいっそう父親を苛立たせ、意固地にさせるでしょう。

これは、厳密に言うと、あくまでも「夫婦の問題」です。

子どもが口出しすることではありません。

両親が、自分たち二人の問題として対峙するには、息子は「海外赴任して、海外で結婚したくもなります」といった曖昧な気持ちではなく、むしろはっきりと、「こんな親の面倒はみない」と決断してもいいでしょう。

それは、息子が物理的な距離をとるだけでなく、心理的にも両親から自立するということです。

そうすれば、母親も、息子に依存するのを諦め、あるいは腹を括って強くなろうとする勇気が育つかもしれません。そして、母親も、父親の乱暴な言動や行動に対して、断ることができるようになるかもしれません。

いままで、妻は夫の言うことに黙って従っていました。それをやめて、

「私ができるのはここまでです。不満があるなら、自分でやってくださいね」

などと、言うことができるようになるかもしれません。

いずれにしても、「両親のことは、夫婦として解決すべきこと」として、自分が親から精神的に自立できれば、親に対して、「面倒みる、みない」といった「ゼロか100」の決断ではなく、負担にならない範囲で、親に協力しよう、という気持ちが芽生えてくるのではないでしょうか。

親になにもしてあげられないのは、お金の問題？

心が通い合う家族関係、お互いに認め合える家族関係、相手に共感し合える家族関係、そんな関係を築いてこなかった家庭は、子どもが独立してしまうと、

「親と話すことなんて、なにもないし……」

となったり、

「親が一人暮らししているけれども、会いに行きたくない」

というふうに、実家を毛嫌いして通う足が遠くなったりするでしょう。

それでもその先には、介護という問題が横たわっています。むしろネガティブな家族関係を築いてしまっている親子ほど、介護を必要とする状態に陥りやすい傾向にあります。

子どもが親に対して「なにもしてあげられない」と思うとき、「ほんとうは、もっとしてあげたい。でも、してあげられない」と、愛情からそう思うのか、「親には、なにもしてあげられることはない」と、心情的に親に見切りをつけていてそう思うのかで、異なります。

子どもから自立して生きる方法を知らない親

支配性の強い親、依存性の強い親ほど、結局、子どもに尻拭いさせてしまいがちです。本人たちは、決してそのつもりではありません。むしろ、心意気では「子どもたちに迷惑をかけたくない」と思っています。しかし、どんなにそう思ったとしても、我を張り通すには無理があり、結局、子どもを頼ることになってしまいます。

それは、彼らは、根本的なところで、自立して生きる方法を知らないからです。

例えば、素直な気持ちを伝える。素直に感謝する。素直に謝る。素直に依頼する。

こんな当たり前のようなことができません。

そのために、

「もっと早く謝れば、こうも激しい争いにはならなかっただろうに」

「もっと早く『悪かった』と謝罪できれば、ここまで悪化することにはならなかっただろうに」

「もっと早く、『こうしてほしい』と頭を下げて依頼できれば、ここまで悲惨な状況にはならなかっただろうに」

というほどに追い詰められて、結局、子どもに迷惑をかけてしまう、ということになったりします。

そんな親に対して、なかには「どこで見切りをつけるか」を、決断しなければならない子どももいるでしょう。

自分を必要としてくれる「愛」が原動力

単に「お金の問題」だと考える人もいます。確かに、これからも触れていきますが、経済的な問題は大きいでしょう。

ただ、お金の問題ではないところも少なくありません。

私たちは、本質的に、「愛」を求めます。

虚勢を張って「愛なんていらない」という態度をとっている人たちでも、それを言葉にできないだけで、ちょっとした表情や態度の端々に「愛を求める」気持ちが顕れています。

例えば病気になりました。

治ろうとする力は、どこから湧いてくると思いますか。

それは「愛」です。

誰かに愛されている。自分を待ってくれている人たちがいる。愛してくれる人たちの元に帰れる。そんな保証があれば、治りたいと必死になるでしょう。

けれども、治っても孤独だったらどうでしょうか。病院では多少なりとも温かいふれあいを感じることができました。けれども治って退院したら、また、元の孤独にもどってしまいます。

そんな環境の中で生きていれば、「何が何でも治りたい」と思うでしょうか。治りたいと欲求するのは、「自分が誰かを必要としていて、その人も自分を必要としてくれる」という〝愛〟が原動力になっているのではないでしょうか。

お金の問題は二次的なもの

ごくごく普通の、ささやかな日常の一コマです。

前出の例で言うと、子どもがふと、こんな言葉を漏らしたとしましょう。

「まだ結婚する気にならないんだ。もしかしたら一生結婚しないかもしれないなあ」

父親が、

「そうかあ、いまは、そんな気持ちなんだ」

「そうなんだよ。結婚生活に、夢が感じられないんだよ」

「そうかもしれないなあ。昔と違って、いまの社会は厳しいからね」

などと親が応えれば、父親が自分の心に寄り添ってくれたと感じるでしょう。

けれども、自分の将来の身の振り方に不安を抱く親は、自分のことにしか関心がありません。ついつい、そんな恐れも手伝って、

「何言っているんだ。お前、いくつだと思っている。お前の年齢だったら、昔は、子どもの一人や二人いてもおかしくないんだぞ」

あるいは、

「いつまで、そうやってフラフラしているんだ。そろそろ身を固めてくれないと、俺たちだって、困るんだよ」

などと、一方的な言い方をしたらどうでしょうか。

子どもは、口にこそしないかもしれませんが、

「ああ、やっぱりこれだ。話にならない。勝手な言い草だ」

と思うでしょう。さらには、

「結婚生活に絶望させてしまったのは、お前たちなんだよ。お前たちの姿を見てて、結婚に希望を抱く奴がどこにいる！」

と叫びたくなるかもしれません。

そんな激しい感情をぐっと抑えて、

「もう、いいよ、こんな話」

と子どもが途中で話を打ち切って立ち上がると、父親が、

「なんだ、お前、その態度は。お前のために言っているんじゃないかッ！」

などと、また不快になるような言葉を浴びせかけます。

子どもが親を敬遠して親の面倒をみたくないと思ってしまうのは、こんなネガティブな親子関係が主因となっていて、お金の問題は二次的であるかもしれないのです。

第3章

この介護、いつまで続くのか

末期がんならよかったのに、と思ってしまった……

親の体調がすぐれないというある男性の相談は、こうでした。

末期がんになって、余命何ヶ月だと医者から宣告されてしまえば、終着点が見えているから、私たちも、最後まで介護しようと覚悟できると思うんですよね。
でも父の場合、中途半端なんです。まったく動けないほどの重症ではありませんかといって、元の健康な身体に戻ることもありません。少しずつ弱っていくので、いかに進行を遅らせるか、だけです。
それだって、期限がありません。ゴールのないコースが果てしなく続くと思うと、絶望感すら湧いてきます。

父親は、自分のやろうとしていることが思うように進まないと、それだけで癇《かん》癪《しゃく》を起こします。昔からそうでした。

父親にとって、苛立ちの原因は無数にあります。

私が二階から降りようとしたとき、父親が上ろうとしていたとしたら、

「俺が上ろうとしているのは、見ていてわかるだろうッ！」

などと、声を荒らげます。そして乱暴に、

「どけッ！」

と怒鳴ったりするのです。

病気になってからいっそう、エスカレートしています。こんなストレスフルな毎日に、「いっそのこと、末期のがんだったらよかったのに」なんて思ってしまいます。


（I男さん　東京都　50才　既婚）

父親とのこじれは、そもそも二人の「関係性」に問題が

納得できないでしょうが、人間関係はすべて「関係性」で起こります。

例えば相談者の彼は、「父親は、自分のやろうとしていることが思うように進まないと、それだけで癇癪を起こす」と言っています。

父親が、他者をどう認識しようが、それは父親の選択です。

「他者は敵だ。必ず攻撃してくる。家族であったとしても、同じだ。だから、先制攻撃をして、相手を黙らせるしかない」

などと思っているとしましょう。

そんなとき、相談にあるように、彼自身も、口にこそ出さないにしても、父親に対して同様にネガティブな気持ちを抱いています。

もちろん彼をそんな気持ちにさせているのは、父親です。

しかし「関係性」においては、「私は正しい。相手が悪い」は通用しません。

とりわけ父親の目からすると、客観的には、その大半が「父親が悪い」としても、

「お前の態度が悪いから俺はイライラしてしまうのだ。イライラさせるのはお前だ」というふうに映っているでしょう。

あなたと父親の関係で言えば、あなたの目からは「父親が悪い」し、確かにそうなのですが、父親は、あなたの父親に対する否定的な態度や表情をみて「お前が俺を苛立たせる」と見えています。

人間関係においては、そんな「関係性」で起きているのです。

家族のサポートには限界がある

あなたが父親によってストレスフルな毎日を送っているとしたら、父親の頭の中も、家族のことで占められているでしょう。

自分中心心理学で言うところの「他者中心」状態でいっぱいになっているとしたら、そのすべてが「相手が悪い」になってしまい、「私が悪い」という反省心など、湧きようがありません。

例えばあなたの言動をネガティブに捉えて「お前は俺の邪魔ばかりする」というふうにしか見えないとしたら、

「どうして、お前は、いつも邪魔ばかりするんだッ！」

と怒鳴りたくなるでしょう。

ネガティブな意識で他者をみれば、こんな流れにしかなりようがありません。

そんな「関係性」にあなたが反応すればするほど、ふたりはネガティブにくっつくことになってしまいます。

まずは、物理的なことよりも、父親と心理的に「離れる」ことを目指しましょう。

どんな状態であろうと、家族のサポートには限界があります。家族がどんなに頑張ったとしても、救えない場合もあるでしょう。とりわけ、父親の心を救うことは、誰にもできません。仮にそうなったとしても、それは自業自得です。冷たいようですが、それぐらいの決断が必要でしょう。

例えばあなたが自分の好きなことに夢中になって、そのときは「父親の存在を忘れる」ぐらい関心がなくなっている、というぐらいがちょうどいいのです。

そんな時間はないと思うかも知れませんが、頭の中が、父親のことで占められている時間を、自分の時間に割り当てることは可能なのではないでしょうか。

父親の人生は、どうなろうと、父親の人生です。それがネガティブな状況になるとしたら、それも父親の責任です。家族が、その責任の肩代わりをしてはいけません。

むやみに父親の感情に反応するよりも、心理的な距離をとるところから始めましょう。父親が自分と向き合うことができれば、それが父親の精神的成長にもつながるのです。

ボケていく親を見せられる現実

ある女性は、認知症の母親との付き合い方に困っています。

いまのところまだ、普段の生活に支障がないので、母親の認知症が進行しつつあるということを、つい忘れてしまいます。
ただ、昔から猜疑心《さいぎしん》が強かったのですが、最近、いっそう強くなってきています。生活が苦しかったからというのは理解できますが、特にお金に対する執着心が強く、困っています。
この前も、自分のお金を「確かにここに置いたはずだ」と言い張ります。

「ここに置いたんだから、誰かが盗らない限りなくなるはずがないじゃないの」

「でも、なかったし、誰も盗っていないよ」

と私が言っても、信じようとしません。その場をおさめるために「私が盗ったのよ」とも言えず、どう対応していいかわかりません。そのときは母親のほうが、

「ほしかったら、ほしいと、素直に頼めばいいじゃないの」

と、ふと彼女のやさしい面を垣間見たような気がして、妙にもの悲しくなりました。

だんだんと、母が母でなくなる日がやってくると思うと、母親というよりは、私の気持ちのほうが落ち着きません。


（J子さん　千葉県　55歳　既婚）

同情なんかしなくていい

一言で言うと、あまり同情しないことです。

つらい環境にいる人たちは、あれこれ、取り越し苦労をします。未来がそうなると は限らないにもかかわらず、未来を否定的に捉えては、「不幸なことが起こったらど うしよう」と勝手に不安がったり恐れたりします。あるいは、過去のことを引っ張り 出して、

「あのとき、ああすればよかった。どうして、そうしなかったんだろう」

と悔やんだり、

「あのとき、そうしなかったから、こんな状況になってしまったんだ」

などと、後悔したり自分を責めたりします。

そんなネガティブ思考ばかりしていたら、とても辛くなるでしょうね。

「もう、こんなことは考えたくない」

と思ったり、なかには、

「こんな思考をしてしまう、自分の頭を取って、捨ててしまいたい」という言い方で、そのつらさを表現する人もいます。

事実、そんなつらさから逃げ出したいと思うなら、そんな複雑な思考から解放されたほうが、ラクです。

そういった意味では、「ラクになりたかったから、ボケた」とも解釈できます。

私たちは一見、悪いことが起こると、デメリットばかりのように思ってしまいがちですが、無意識の視点からすると、その中に、メリットもたくさんあります。

私たちが、それに気づかないだけです。つらいことから解放されたという点からいうと、決して悪いことばかりではありません。

親の言い分を受け止めて安心させる

悲観的なことばかり考えていると、気分が滅入るだけでなく、そのネガティブな思考によって、ネガティブな選択をしてしまうかもしれません。

ですから、心の持ち方としては、違ったところに焦点を当ててみましょう。

例えば、ムキになって母親に理解させようとすると、「自分の言い分のほうが正しい」とばかりに、いっそう抵抗するでしょう。それは、あなたはそんなつもりはなくても、母親の言い分を否定すると、「あなたは間違っている。間違っているあなたは駄目だ」というようなメッセージを送ることになるからです。

こんなとき、もしあなたが、

「そうなの。なくなっているの？　おかしいね。困ったね。どうしようか。お母さんは、どうしたい？」

などと、母親の言い分を受け止めるとしたら、どうでしょうか。母親も、自分の言い分を認めてくれたと、安心するでしょう。

もしそうやって、娘であるあなたが「母親を認める。受け入れる」ということができれば、新しい親子関係を築くことができるでしょう。

もしかしたら、ボケるボケないはともかく、こんなところが、あなたの家族に足りなかったことかもしれませんね。

介護されているのに、わがまますぎる親

この半年、介護で「本当に大変なんです」と、ある相談者の男性は疲労困憊していました。

おやじは肉体が衰えて歩くだけで精一杯なのに、口は相変わらず達者なんです。子どもの頃は、怒鳴られてばっかりいました。とても怖い存在でした。確かに社会的には評価されていました。でも、家では、怒鳴ってばかりいるという印象しかありません。近づくのも怖いと思っていました。

いまのおやじは、自由に動けない苛立ちもあるのでしょうが、以前にもまして、些細なことで怒鳴り散らします。

この前も、ものすごい剣幕で怒鳴って大騒ぎをしたことがありました。

何を言っているのか、言葉は聞き取れなかったのですが、猛獣のうなり声のように聞こえます。

僕が「大事件でも起こったのか」と慌てて飛んでいくと、

「水を持ってこい!!! 水! 水だ!!!」

単に、薬を飲みたいから水がほしい、ということだったのですが、こんなことですら怒鳴らないではいられない父親なので、まったく手に負えません。

（K男さん 埼玉県 52歳 既婚）

子どもだからといって面倒をみなければいけないのか

古い時代に生きていた男性は、こんなタイプの人が少なくありません。かつて会社や団体、組織で立派な肩書きを持った人たちはいちように権威主義的です。

かつて会社では一方的に怒鳴ったり命令したりしていれば、部下は恐れて従っていました。家でも、家族に対して同じような振る舞いをしていました。

息子にしてみれば、

「こんな男を、俺が息子だからといって、どうして面倒みなくちゃいけないんだ」

と思うのも無理ないことでしょう。支配というのは、裏を返せば依存です。

怒鳴って命令したり指示したりしていれば、相手は怖がって従います。本人は「上から下」へと命令、指示するだけなので、実際には自分で行動することはできません。有能な部下がいればいるほど、「なにもできない人」になっていきます。

自分に力があると過信しているときは、どれだけでも支配的、威圧的になれます。

しかし、権力を失った途端、心も失墜していきます。本人が最もそれを痛感する瞬間

でしょう。長男である彼は、

「いまでも、なぜ叱られていたのかわからない、ということがたくさんあります」

と言いました。

「でも、この歳になって、ようやくわかったんです。叱られる理由なんて、なかった。父は、ただ、理由もなく癇癪を起こして、家族にそれをぶつけていただけだったんだと」

横暴な親は見捨てられて孤独になることを恐れている

周囲の目には闇雲に怒鳴っているように映ります。しかし本人には、本人なりの理由があります。例えば、この父親のように感情的になってすぐ怒鳴る人たちは、権力をなくすと、途端に無力な自分と向き合うことになります。

そんな彼らにとって最も怖いのは、見捨てられて孤独になることではないでしょうか。場合によっては、身に覚えがあるゆえに、

「わざと無視して俺に復讐している」

などと疑り深くもなります。心の中が猜疑心でいっぱいになれば、「水」すら誰も持ってきてくれない、という恐怖に駆られて、

「おい、水を持ってこい！！！　水を持ってこい！！！」

と怒鳴って大騒ぎしてしまうのも、無理ないことかもしれません。

しかも皮肉なことに、怒鳴り散らして人を遠ざけてしまえば、まさに自分が一番恐れていることを、自ら実現させてしまう、という結果にもなってしまいます。

相手に合わせず、自分の都合を最優先していい

件《くだん》の父親は、怒鳴れば、人が怯えて自分に従うということを、長年やってきたので、そんな脅迫的なやり方しかできません。穏やかに頼む言い方を知りませんし、人に頼むのは沽券《こけん》に関わると思っているかもしれません。

怒鳴られると確かに怖いし、腹も立ちます。けれども父親のそれは、長年培ってき

た〝単なるスキルの一つ〟という捉え方をしましょう。

怒鳴るというスキルで脅してくる相手には、ひるまずに、「相手の都合」に合わせずに、「自分の都合」のほうを優先することです。

例えば家族が台所で料理をしているときに、父親が怒鳴って呼んだからといって、すぐに火を止めて父親に従うことはありません。状況によっては、

「いま、料理で火を使っているので、あと30分、待っていてください」

などと伝えてみるのも一法です。

猜疑心いっぱいの父親は、自分の存在を忘れ去られてしまうことを恐れています。だから、「30分後に」と伝えれば、安心できます。父親の怒鳴り声にひるまずに、家族はそれぞれに「自分の都合」を優先して、それを言葉で表現して、待ってもらう。この繰り返しで、だんだん、怒鳴らなくなるかもしれません。

自分の都合だけで相手を動かそうとしてきた父親は、「相手の都合を理解する」ということを、人生の終盤になって、学ぶことになるのです。

介護はエンドレスの深夜残業

まるで意地悪をされているようだと、その相談者の女性はため息をつきます。


兄と妹がいますが、兄も妹も、自分では面倒みないし、お金も出さないくせに、口ばかり出してきます。私がこうやりたいと言っても、妹は耳を貸そうともせず、

「お母さんが死んだら、お姉ちゃんのせいだからね」

などと捨て台詞《せりふ》を吐きます。

しつこく働きかけて、役割分担を決めるのですが、彼らは守ってくれません。

とりわけ妹は、「こんなときには、どうしたらいい」と、すぐに聞いてきます。私が代わりにやってしまうと、「ラッキー」とばかりに任せてしまいます。何度教えても、覚えようとしてくれません。ときには仕事先にも、「早く帰ってきて」と電話をしてくる始末です。

兄や妹に任せていても苛立つだけで、余計に時間がかかってしまうので、自分でやったほうが早いと思ってしまいます。実際に、せっかく役割分担を決めたのに、崩れてしまいそうです。

仕事で疲れていても、帰宅したら母親の介護で、身も心もクタクタです。デイケアに行ってもらっているので、その間、ホッとして自分に戻れます。まだ、どうにか冷静さを保っていられますが、ときどき猛烈に腹が立ってきて、暴れたくなる衝動が起こります。

（L子さん　東京都　42歳　独身）

きょうだいの肩代わりのつもりがすべてしょい込むことに

お互いの役割を決めたら、あなたは兄や妹の役割に、むやみに手を出して彼らの責任の肩代わりをしないことです。

あなたが肩代わりしないことで、母親に不便をかけることがあるかもしれませんが、仕方ありません。

「肩代わり」ということでは、こんな例があります。

子育て真っ最中の母親は、子どもの言うことは、すぐに聞き入れます。学校のこととなると、さらにそうです。子どもが学校の宿題などと言えば、母親は、自分がやっていることの手を止めて、宿題を手伝おうとするでしょう。

ここが問題です。

この例のように、あなたも兄や妹の役割であるにもかかわらず、

「それは、違うわよ。こうするのよ」

などと、ついつい口を出したり手を出したりしているのではないでしょうか。

「自分でやったほうが早い」と思ってしまうとしたら、恐らくそうですね。

けれども、

「明日から、ほんとうに、自分でやりなさいよ」

などと小言を言いながらも、兄や妹の役割を肩代わりしていれば、彼らは、「明日からする」よりも、「しない」ことを選ぶでしょう。「小言を聞いていれば、しなくて済む」と学習してしまうからです。

過去のきょうだい関係が「介護」に表れる

これまでの過去のきょうだいの関係が、介護という現実で表われたりします。

兄や妹と争い合っていたなら、彼らは無意識に「無責任にふるまう」ことで、仕返しをしているのかもしれません。

「兄も妹も、私に押しつけてきて平気な顔しているのが許せない」

ということが起こったり、

「損する役割をさせられるのは、いつも私ばかりだ」

といった結果になるとしたら、仕返しされている可能性が高いでしょう。

ただ、そのことであなたが被害者意識に陥ると、同じ作業をするのでも、疲労度が高かったり、余計に時間がかかったり、ミスや失敗も増えてしまうでしょう。

また、知らず知らずのうちに損することを、自らやってしまいます。

まさに前記したように「口を出しながら肩代わりしている」というのも、その表れです。つまり、あなたが無責任な兄や妹にしている、とも言えるのです。

そうならないためには、「口を出さない。肩代わりしない」ことです。

例えば、兄や妹が役割を果たしていなければ、

「Aの片付け、お願いね」

と言い置いて、あなたは一切手を出さないことです。

多少、母親に迷惑をかけることになるかもしれませんが、家庭が健全に機能するためには、それぞれが「責任を果たす」ことを学ぶ必要がある、という家族も少なくないのです。

家族の間違ったパターンを修正するチャンス

本来、自分のことは、自分でするべきことです。

これは、基本です。こんな認識があるだけで、少し心が楽になるはずです。

例えば、父親が怒鳴っても、本来、自分で言ってでもすべきことですから、父親の言うことに従ってすぐに動くことはありません。

いままでは、「怒鳴られるとすぐに動く」というパターンでやっていたはずです。

むしろ、そのパターンを崩すために、すぐには動かないことです。

理想的な会話としては、

「おーい、誰かいないかぁ」

と父親が声をかけました。

「はい、なあに」

と穏やかに返事します。

「喉が渇いたので、水をくれないかな」

と、父親は命令するのではなく、依頼します。

「ああ、そうなの。わかったわ」

「はい、どうぞ」

「いつもありがとう」

こんな会話があれば、介護するほうもされるほうも、心が癒やされたり満たされたりするでしょう。

横暴な親にも学習させる勇気を

一見、簡単そうですが、こんな会話を知らない家族にとっては、非常に難しい会話です。ですから、理想は理想として「いつか、できたらいいな」ぐらいに思っておいてください。

そんな会話を目指しつつ、「怒鳴らなくても、わかりますよ」と繰り返し言っていく言い方もあります。

こう言うと、

「怒鳴ってないよッ！」

と、言うものの、その言い方、態度、表情がすでに怒っています。

「ほら、いま、怒鳴っているでしょう」

と指摘すると、

「お前が、バカなことを言うからじゃないか！」

と、また人のせいにする言葉が返ってきたりします。

それでも根気強く、言い続けましょう。

「かわいそうだ」と思うかも知れませんが、逆に〝心が生まれ変わる〟チャンスです。

「すぐに来れないこともあるから、少し待ってくれないかなあ」

「いま、これをしているから、10分経ったら、できますよ」

などと、相手が怒鳴るからといって、それに従わないことです。むしろ、「怒鳴ったら、反応しない」ということを繰り返せば、次第に、「怒鳴ったら、動いてくれないのだ」と学習するかもしれません。

それぐらい、怒鳴る人というのは、ある意味単純です。相手の言うことをすぐに聞いてあげないことです。相手は自分の都合のほうを優先していいのです。

過去の自分を、あなた自身が許すこと

前記した例のように、兄や妹がすぐに口出しをしてくるとしたら、姉であるあなたも同じことをやっているはずです。なぜなら、それが家庭の言動パターンである可能性が高いからです。

とりわけ妹は、幼いころに、姉であるあなたに「絶えず口出しされて」傷ついている可能性があります。無意識の視点から言うと、そんな過去の恨みをいま、晴らそうとしている、と言えるでしょう。

そんなきょうだい間で、「ありがとう」という言葉はあるでしょうか。

もちろん、「ありがとう」と感謝してほしいのは、自分のほうだとあなたは思うか

もしれません。けれども、家族の誰もが、自覚していないかもしれませんが、「自分を認めてほしい。感謝してほしい」と無意識に願っています。

ですから、誰かが家庭の中に「ありがとう」という感謝の気持ちを持ち込む必要があるでしょう。その役割が、あなただと言えます。

実際に、素直になって自分自身が、

「協力してくれてありがとう」

と口に出すことができれば、自分自身も気持ちがラクになります。それは、妹や兄に対しても、

「過去にあなたに意地悪して、ごめんね。よく耐えてくれたわね。いま、やっと気づいて、遅いかもしれないけど、頭をさげて謝りたいんだ」

という気持ちも、その「ありがとう」の中に含まれているからです。

そんな気持ちで言える「ありがとう」は、本当は、そう言うことで、「過去の自分を、あなた自身が許すこと」になるのです。

第4章

親の借金に、もう泣かされたくない

お金にルーズな母親に困っています

金銭感覚のルーズな親に困っている方からの相談です。

昔から母親は、
「こんなもの買って、どうするの？」
というものばかり買ってきます。それも、使うのだったらまだいいのですが、使ってもせいぜい、一、二回。よくて数回です。なかには、包装紙を開けないままで、棚に眠っているものもあります。
高額な値段のものは、

「これがほしいから、買おうよ。こんなに便利じゃないの。あったら助かるよ」などと相談してくれるから、まだマシなのかもしれません。けれども、私が「また、無駄なものを」と思って、黙って返事をしないと、ずっと言い続けます。何ヶ月でも諦めないので、つい根負けして、

「じゃあ、ちゃんと使ってよ」

と念を押しても糠《ぬか》に釘です。あんなに粘ったくせに、手に入れるともう忘れてしまうのです。それを指摘すると、手が付けられないほど激高するので、私のほうが精神的に参ってしまいます。そういった物が居間にあふれています。この前、これを処分すると言ったら、すごいバトルになりました。

その腹いせもあったからでしょう、私のパソコンから勝手に買い物をしはじめたので、「これは危ない」とばかりに急いで手を打ったのでした。

（M子さん　神奈川県　48歳　既婚）

劣等感が無駄買いの原因

この母親の場合、商品を買うことよりも、お金を遣うことが目的となっています。「ほしい」と思うと、その欲求を抑えることができないのは、商品を買うことでストレスを発散させているからでしょう。

子どもたちからすると、困った親ですが、そんな無責任な態度をとるのは劣等感の塊だからです。

買ってしまったあとで、無駄なものだと気がついたとしても、それを認めることができません。自分のしていることを家族に否定されると、プライドが傷つきます。コンプレックスが限界に達して、それを認めたくなければ、無視するしかありません。そんな繰り返しで、だんだん平気になっていったのだと思われます。

母親は、すでに自分が責任をとるということから、目を背けています。

例えば無駄買いをするお金はどう工面しているのでしょうか。

ちゃんと、月々、小遣いを決めているでしょうか。

月々決めているということと、「買いたいときに子どもにせびる」というのでは、全く違います。

母親に「せびっている」という思いがあると、それだけで、自分の価値がないように感じるものです。子どもに施して貰っているという思いが、よけいに自分を惨めにさせたりします。

自分は子どもたちに必要とされていない。無価値な人間だ。そんな劣等感や孤独感やお金を遣うことの罪悪感等が入り交じって、それらをかき消すために「買う」という行動になっているかもしれません。

あなたも無意識に親へ仕返しをしている

無責任になってしまうという点では、もう一つあります。親子間で、相手のすることに干渉しすぎてはいないでしょうか。「ああしてはいけない、こうしてはいけない」とばかりに、親に細かく小言を言っていませんか。

もちろん、子どものころは、あなたが親に言われていたはずです。

いま、そのやり方を同じように、あなたが親にやっているかもしれません。

あなたも経験しているように、自分のやろうとすることに絶えず干渉されたり、やめさせようとされたりすれば、フラストレーションが溜まります。

子どものころに傷ついてきたあなたは、いま無意識に、仕返しをしている可能性もあります。

子どもとしては、「私もされたから」と言いたくなるでしょう。けれども、いつまでやっても、その傷みが解消するわけではありません。

手始めとしてできることとして、「お小遣い」を決めることから始めてみましょう。

月々のお小遣いが決まっていれば、自分のお金という認識が生まれるので、罪悪感ナシに遣うことができます。これだけでも、むやみに買うという衝動買いは減っていくでしょう。

もう一つ、月々定額のお小遣いを決めたら、それを母親がどういうふうに遣おうが、一切干渉しないことです。

干渉されるから、よけいにしたくなるというのは、あなたも経験しているはずなのです。

ですからお小遣いとして渡したお金は、「母親のお金」と割り切りましょう。母親が、自分のお金をどう遣おうが、お金をドブに捨てるようなものであったとしても、それは「母親の自由」と認めるべきなのです。これだけでも、少しですが、自負心の回復につながっていきます。

人にお金を貸す癖が抜けない父親にうんざり

見栄っ張りでお金にルーズな父親に困っている男性からの相談です。

昔から、どうして人にお金を貸すのかが不思議でなりませんでした。お金が余っているというのなら、わかります。けれども、小さい頃から、母親がお金に困って、子育ての合間を縫って仕事をしたり祖父母から用立ててもらったりしていた母親の姿を覚えているので、この父親は「どういうつもりなんだ」と思って見ていました。

母に離婚をすすめたこともありました。けれども、母も昔の人間なので、離婚なんてできません。ジッと耐えていました。

自分はお金を持っていないのに、人にお金を貸す。貸しても返してもらったためしがない。自分でも催促できない。代わりに催促すると言うと、「俺に恥をかかせる気か」と怒ります。

しかも奇妙なことに、返済するという人に「銀行に振り込むから」と言われても、「今度会ったときでいいよ」と先延ばししたり、分割で返すと言われても「全部そろってからでいいよ」と言ったりするから、唖《あ》然《ぜん》としてしまいます。

しかも、そのお金は、僕の金なんですよ。

「金がいるから」

「何に遣うの」

と尋ねても、

「いいから、お金を出せ」

とすごんだり脅したりします。時には、「金をよこせ、よこさない」でもみ合ったこともあります。こんなにしてまで、見栄で生きている男を、どうして面倒みなくちゃならないんだと思ってしまいます。

（N男さん　東京都　50歳　既婚）

お金で相手より優位に立ちたいというコンプレックス

私たちの言動には、一見、好ましいことではないように見えたとしても、無意識の視点で見ると、必ずいくつものメリットが潜んでいます。

表面的な物の見方では理解できないでしょうが、この父親の場合でも、その言動にはメリットがあります。

例えば最も大きなメリットは、お金を貸すことで、自分が相手より優位に立てるということです。自分を偉く見せたい、大物に見せたいという欲求が強い人ほど、優劣にこだわります。お金を貸した相手は返すと言っても、なかなか受け取ろうとしないのは、恩を売ることで優位に立てると、本人が信じているからです。

相手から頭を下げて借金を頼まれると気分がよくて、自分が大物になったような気がします。「貸した」という意識から相手に対して大きな態度を取ることができます。反対に、返して貰うとそれができなくなってしまいます。

結局、そんな父親の意識が、お金を貰いたい人たちを呼び寄せるという悪循環に陥っているかもしれません。

また、父親のような人は、もともと「断ることができない」人たちです。頼まれると「イヤ」と断れない人は、見栄も手伝ってお金を用立ててしまうでしょう。

無意識のところではもう一つ、メリットがあります。

「お金を借りた人たち」は、結局お金を返さないので、自動的に関係が遠くなって縁が切れてしまいます。

そんな方法で、無心してくるような相手を退ける、という効用もあります。

もっとも、無心するのが平気な人からは、何度無心されても断れず、身ぐるみむしり取られてしまう可能性もあります。ちょっと悪質な宗教に引っかかるようなものですね。

あなた自身も「断る」レッスンを

あなたは父親の姿を見て「僕は、絶対に、金の貸し借りはしないと決めたんです」と言います。そうであれば、確かに、金銭の貸し借りはないかもしれません。

けれどもお金に代わるもので、同じことをしているかもしれません。

それは「断れない」ということです。

父親は、優位に立つことが目的であるかもしれません。

「たかが、こんな少額で、返金を催促するなんて、けち臭い奴だ」

などと思われたら、自分のイメージが壊れてしまうのではないかと恐れています。

それはあなたも同様で、

「あなたにしかできないことだから、お願いしますよ」

などと持ち上げられて頼まれたら、それが負担だと感じたとしても、いい顔をして

「わかった」と見栄を張ったりしていないでしょうか。

父親はお金に関してですが、あなたは職場や友人関係で、頼まれると断れないでい

るかもしれません。

とりわけ面子《めんつ》、体面にかかわるようなことだと、無理だと思ったとしても、侮られたくなくて、引き受けてしまうでしょう。

それを改善するには、とりわけ父親とは、お金が絡むと争いになるのであれば、その他の日常的な生活のなかで、自覚して「断る」レッスンをすることです。

私の通帳からお金をおろして勝手に遣っていた

母親が相談者のお金を勝手に遣っていたという、他人だったら犯罪になってしまう困ったケースです。

母親が、私の貯金を勝手に遣っていたのが発覚しました。すでにもう手遅れで、ほとんど残っていませんでした。私がしっかり管理していなかったこともいけなかったと思うのですが、まさか親が娘のお金を通帳から下ろして遣うなん

て、思いませんよね。

母親は所有しているマンションを賃貸で貸しているので、無収入というわけではありません。

私が返金するように催促すると、「私の家に住んでいるんだから、家賃をよこせ」と言い返されたこともあります。

私は家を出たいと思うのですが、なかなかその勇気が湧きません。

友人らは、「自由気ままな生活ができて、楽しいよ」と言いますが、私は逆に、家を出てやっていけるだろうか。仕事をクビになったらどうしよう。病気になったらどうしよう、などと、考えてしまいます。

もしかしたら、「お金を返してくれないから、出て行けない」というふうに、家を出ない理由を、それに転嫁しているような気もします。

このことを父親に訴えても、「それはお前たちのことだ」と我関せず、です。

（O子さん　東京都　37歳　独身）

いくつになっても子どもの面倒をみていると思い込んでいる

食事、掃除、洗濯といった家事全般を母親任せにしていないでしょうか。

彼女にそれを問うと、

「私が、自分でやるから、そのままにしておいて、と、いつも言うんですね」

しかし母親は、

「あなたに任せていると、いつまで経ってもやらないでしょう」

と小言を言ったり、

「言われる前に、あなたが片付けたためしがないんだから」

などとイヤミを言いながら勝手に自分でやってしまうという答えが返ってきました。

こんな具体的な場面から、それぞれの関係が見えてきます。

非常に大きな問題のように見えることも、実は、こんな小さな出来事一つ一つの集積です。それらを解決しないでやり過ごしていると、どこに問題があって、こんなことが起こるのかが見えません。それがあまりにも膨らみ過ぎると、混乱するばかりで、わけがわからなくなってしまうでしょう。

母親は、娘の面倒をみているのは「私だ」と思い込んでいます。ほんとうは自分が依存しているのですが、娘が自分に依存していて、自分がいないと、娘は何もできないというシチュエーションをつくりたがります。

小言を言いながらも娘の分もやってしまうのも、その手段です。

お金のこともその延長線上にあるといっていいでしょう。

それを維持するためには、娘に「家賃を払え」と言ったように、何にでも因縁をつけていけます。

娘が外で働いていれば、

「私が娘のこと全般を引き受けているから、娘は仕事に集中できるのだ」

という塩梅《あんばい》に。だから娘の稼いだお金は、私のお金でもあるのだ、とそう捉えているかもしれません。

実は母娘の「共依存」

親娘ともどもその境が理解できないとしたら、「共依存」のレベルかも知れません。

そんな関係で、娘がお金をすぐに返してくれと言ったとしても、争いになるばかりでしょう。

共依存的な傾向が強いとしたら、その前に、小さなことから、「私と母親」を別々に分けていくレッスンが必要でしょう。

ほんとうに、日常の些細なことでいいのです。

例えば、自分のために買ってきたものは、母親に、

「私のものだから、勝手に食べないでね」

と言ったり、

「食べたいときは、私の了解を得てね」

などと、念を押すことができます。

あるいは、なにか共有しているものはありませんか。

洋服やバッグといったものを、無断で共有したりしていないでしょうか。

食事は、自分で作っても構わないし、別々に食べても構わないし、一緒に食べる必要もありません。

こんなところから、自覚して分けていくことが、自立への第一歩となるでしょう。

父親は、そんな家族関係にうんざりして、エスケープしている状態なのかもしれません。

父親との問題もありますが、まずは、自分のできるところから始めましょう。

家族がそれぞれに自立するにつれて、母親は、少しずつお金を返そうという気持ちが育ってくるかもしれませんし、父親にも良い影響を与えることができるでしょう。

親の借金の催促が私たちに降りかかっている

親の借金で困っているという男性からの相談です。

親が会社を経営しているとき、おだてられて、大金を借金してしまいました。放漫経営だったので、倒産してしまったのですが、整理しても借金が残ってしまいました。

親の借金だし、連帯保証人にもなっていないので、子どもや家族が返す義務はないことは、承知しています。

しかし、現実にはそういきません。

取り立て屋から催促の電話がしょっちゅう掛かってきたり、家にやってきたりします。

大声こそ出さないけれども、対応しないとチャイムを何度も鳴らしたり、ドアをドンドン叩いたりして、近所の目もあるので、つい対応してしまいます。

父親が逃げるので、僕たちが対応せざるを得なくなってしまうのです。

どうやって調べたんでしょうね。最近は、職場にも電話してくるので、怖くなってしまいました。僕に金を返せと迫るわけではありませんが、「父親はいま、どこにいる」などといった電話であっても、職場なので、噂になってしまうかもしれないと、気が気ではありません。

弁護士や司法書士に相談したこともあるのですが、肝心の父親本人が動こうとしないので、どうしようもありません。

（P男さん　東京都　46歳　既婚）

無責任な父親と同じパターンに陥ることも

率直に言うと、借金の問題をすぐに解決するためのアドバイスを求められても、答えることはできません。

ただ、これまでの親子の関係を振り返って改善することはできるでしょう。父親が多額の借金をしてしまうとしたら、家族関係も健全に機能していなかったかもしれないからです。

これは言っても仕方がないことですが、責任感の強い人であれば、まず、無謀な借金をしたりはしないでしょう。自分が返済できるかどうかの見極めが甘かったとしても、なんとか自分の手で返済しようとするでしょう。極端な例では、偽装離婚をして家族を守ろうとする人もいます。もちろんこんな方法をすすめているわけでありません。

息子であるあなたの話から推測すると、父親は、主要な言動パターンの一つとして、「ゼロか１００」という極端な二分化思考に陥っているかもしれません。

「ゼロか１００」の発想をしていると、すぐに結果を出そうとして急ぎます。

また、一回失敗したら、二度目に、一気に一回の失敗を取り戻そうとして、焦りながら〝負ける博打《ばくち》〟のような行動に走ったりします。

これは、父親の問題だけではありません。というのは、父親の言動パターンは、前の章でも言っていますが、子どもであるあなたも、そのパターンを学習しているかもしれないからです。

父親を突き放す強さを持つ

ですから、多額の借金を抱えてしまうような無謀な選択をしてしまうのは、必ずしも偶然だったり、たまたま運が悪かったというわけではありません。

それを家族問題として捉えるならば、父親の無責任さを、家族も後押ししているかもしれません。

大きなパターンは小さなパターンにも反映されます。つまり「ゼロか100」の発想は、どこにおいても、顕れています。

例えば家族旅行をするとしたら、ビッシリとスケジュールを組んだり、お金の遣い方も細かく計算して、その通りに実行しようとするかもしれません。その結果、うまく運ばず、それを母親が尻拭いするというようなことを、いまもしているかもしれません。

こんなことを繰り返していれば、失敗しても「責任を取ること」を学びません。都合が悪くなると、とりわけ家族に丸投げしてしまって、自分は物置の陰に隠れてしまうというようなことをしてしまいます。

もしあなたが、そんな父親の姿を見て「反面教師にしよう」と心に誓っていたとしても、すでに父親の言動を学習している可能性が高いため、あなたは気づかずに、父親と似たようなパターンで動いているかもしれません。

そんなパターンを修正するためにできることの一つとして、心が澄み切るぐらいきっぱりと、

「父親の責任は、父親がとるべきだ」

そう決めることができれば、借金も含めて、父親の責任の尻拭いをしなくなるで

しょう。

例えば取り立て屋に対しても、堂々とした、まっすぐな態度と行動で立ち向かうことができるでしょう。

父親に対しては冷酷に見えるかもしれませんが、父親は、人生の終盤になって、自分が選択したものの「責任を取る」ことを学ぶ必要がある、と手放す強さも持っていたいものです。

自分のお金が奪われてしまうのは、親子の確執があるから？

金銭的、経済的なことが絡んでくると、それが現実的な問題として重くのしかかってくるので、つい、心のほうはおろそかになりがちです。

この章にあるように、親の面倒をみたいけれども、「お金がない。経済的に余裕がない。時間がない」といった具体的な負担について、それを一気に解消するような提案は難しいのですが、心の問題は、すぐにでも実行可能です。

例えばお金にまつわるトラブルが多かったり、借金を抱えてしまう、あるいは誰かの借金を背負うことになったりするといったことが起こっているとしたら、どの例にも共通するのは、お互いに「相手の領域を侵している」という一言に尽きます。

これは「私を認める、相手を認める」ことと真逆です。

「私のお金は、私のお金」を自覚できていればともかくも、「私と相手」との境が混濁していると、「相手のお金も、私のお金」と勘違いしていきます。

金銭的なトラブルの大半がこれに起因していると言っても過言ではないでしょう。

「あのときお前が金を出してくれていれば、この仕事はうまくいっていたはずなのに」

などと親に言われれば、自分が自分のお金を守ろうとしたことに、心が痛んだり、後ろめたさを覚えたりするでしょう。なかには、親を見捨てたと、激しく後悔する人もいるかもしれません。

最も強烈な例では、

「お前がいたから、離婚したくても、できなかったのよ」

などと、子どものせいにしてしまう母親もいます。

しかし、親と自分との境を理解できていれば、仮に母親にそう言われたとしても、

「私が、母親を不幸にしてしまったんだ」

などと考えたりしないで、

「それは親が、私に責任を転嫁しているんだ」

と、冷静に客観的に判断できるでしょう。

そうやって「私と親」との境を明確に理解できていれば、親が借金を頼んで来たとしても、断ることができるでしょう。借金癖のある親であれば、連帯保証人になったりもしないでしょう。

そんな決断をしたとき、もしかしたら、罪悪感が起こるかもしれません。

けれども、「それは親の問題」だから、私が責任の肩代わりをする必要はないんだということを、理論的に知っていれば、そんな罪悪感を少しなりとも減らすことができるでしょう。

決定的に不足している他者への「共感能力」

他者中心の人は、相手のことばかり考えています。

「自分のことを、相手はどう思っているだろうか」

「私がこんなことを言うと、相手は怒るのではないだろうか」

などと、相手の反応をネガティブに推測しては、あれこれと悩みます。

けれどもそうやって他人のことで悩む他者中心の人たちには、決定的に足りないものがあります。

それは他者に対する〝共感能力〟です。

相手を気にしたり、気を遣ったりすることはできますが、相手の心を感じることが非常に不得手です。

他者に気を回しながらも、しばしば身勝手な言動をとってしまうのは、相手を感じていないからです。また、他者中心に生きていると、物事を「自分の気持ちに沿って決めることができない」ために、常に心が揺れ動いています。

そんな心許《こころもと》なさから生じる不安や焦りや恐れから、相手に激しい言葉を吐いてしまいます。

他方、自分中心の人は、自分を大事にできるからこそ、他者をも、自分のことのように大事に思える共感能力があります。

お互いに、相手の心を感じ合って、

「明日は無理だけど、明後日は休みをとったから、ずっと一日、傍にいるよ」

などと素直に自分の気持ちを伝えたり、

「悪いねえ、手間かけてしまって。でも、ありがとう。嬉しいよ」

などと、素直に感謝の気持ちを言葉にすることができるでしょう。

親の介護という現実的な問題に直面すると、どうしても、経済的なことや労力のほうに焦点が当たりがちです。

けれども、誰もが必要としているのは、「愛」や「いたわり」です。

そこに満足感や、生き甲斐や希望が生まれます。

そんな温かいポジティブな関係が得られないときに、さまざまにネガティブな出来事を引き起こして支配したり依存したりしようとする、と言っても過言ではないでしょう。

もし前記したような会話のように、お互いに共感し合い尊重し合える親子であれば、お金の援助や満足のいく介護ができないとしても、それだけで、満足感や幸福感に満たされるのです。

第5章

もう限界、親とは縁を切りたい

捨て子があるなら、捨て親してもいいですか

相談者の男性は、もう我慢の限界だと言いました。

近所の人たちには、「腰の低い、良いお父さんね」と評判がいいのですが、それは外面だけです。家に帰ると、会う人、会う人の悪口を延々と言い連ねます。そんな父親の実像を知っているので、外に飛び出して「違う！」と叫びたくなります。
誰にでもテレビの前でさえも、聞くに堪えない悪口雑言の連発です。しかも台詞の頭に「あの間抜けなアナウンサー、バカ女、ボケ野郎、くそ○○、アホ○○」といった下卑た言葉がセットになっていて、「（こんな田舎で）世界はお前

を中心に回っているのかッ」と言い返したいほど、腸が煮えくり返る思いです。

とりわけ母には「女のくせに」が口癖で、さも憎々しげに、

「女のお前なんかに、なにがわかるッ」

「できっこないよ、お前は頭が悪いからなあ」

「背が低いから、お前が背伸びしても届くわけないか」

たまたま自分が男に生まれたということを笠に着て、ここまで〝自分の妻〟をさげすめるものかと腹が立ちます。

もう一つ、父親の自尊心を支えているのは、「侍の家系」だということでしょうか。

父親は、劣等感の塊なんだと思います。けれどもそんな自覚さえなく、未だに、こんな前近代的な思想を振りかざす亡霊のような男なんて、「必ず縁を切ってやる」という思いしかありません。


（Q男さん　福島県　50歳　既婚）

男尊女卑の行為は見捨てられる恐怖の裏返し

かつては、男尊女卑という言葉があって、女性は根拠なく、卑しい存在だとされていました。相談者の父親も、

「男は女より身分が高い。俺は男だ。だから、男の俺は、女である妻よりも偉い」という論法なのでしょう。妻というよりは、下女という感覚なのかもしれません。相談者が言うように劣等感の塊である父親の自尊心を支えているのは、いまや「身分が高い」ということだけなのでしょう。

劣等感が強いだけに、父親は、自分で自分を認めることができません。自分が自分の力で獲得したものが、なにもないと父親はわかっています。それゆえに、最後に残る砦《とりで》が「身分」なのでしょう。これは、自分の実力とは関係ありません。それでも、それにすがることでしか、自分の自尊心が保てないのです。

仮にそうであったとしても、どうして父親はここまで、妻や家族に対して激しい感情を抱くのでしょうか。

そんなに妻や家族が憎いのであれば、家族関係を解消してしまえばいいことだと、客観的には思うでしょう。どうして父親は、それができないのでしょうか。それは「見捨てられる」ことへの恐怖があるからです。

これも奇妙な話です。

「見捨てられるのが怖い。だから見捨てられないようにしよう」

そう恐れながらも、実際には、見捨てられる行動をとってしまうという矛盾した行動に、父親自身は気づいていません。無意識的には、まるで〝見捨てられたい〟と望んでいるかのようにふるまうのです。

自業自得の結末に家族のありがたさを知る

人生の終盤になると、自分の人生の総括として、「自分の生きてきたその結果」を、家族から見捨てられるという形で突きつけられることも少なくありません。社会環境もそれを加速させています。

彼の父親は、まさに、その時期が訪れつつあるということになるでしょうか。

冷徹な言い方に聞こえるかもしれませんが、人は「自分のやってきたことの責任」を、負うべきで、その責任を家族が肩代わりすることはできません。

どんなに家族であったとしても、それぞれを〝個対個〟として捉えるならば、本人のしたことの責任を、家族が犠牲になってまで負うことはありません。

自分の人生は、どんな結果になろうとも、自分で選択してきたことの結果です。

仮にそれが「時すでに遅し」であったとしても、家族に見捨てられたという事実を、どう判断するかは、父親自身の問題です。

父親が家族から見捨てられたとしたら、そこから、自分の人生を本気で見直すかもしれません。一人になって初めて、家族のありがたさを実感するかもしれませんし、家族に対する感謝の念が起こるかもしれません。

人間の成長という視点からみるならば、最後にそれに気づくチャンスを得た、という解釈もできます。人によっては、しがみついて生きるよりは、見捨てられるという経験をすることで学ぶことのほうが重要な場合もあるのです。

どうしたら、この親と縁を切れるのか

相談者の女性は、人のせいにしてばかりいる親と縁を切りたいと言います。


いまや母親の声を聞いただけで、耳を塞《ふさ》ぎたくなってしまいます。

例えば母親とは、こんな日常です。

「こんなところに踏み台をおいたので、転んでしまったじゃないの」

「あなたが（戸棚を整理して）違ったところに置いたので、ずいぶん探してしまったじゃないの」

「私が、足が痛いのは知っているでしょう」

ついこの前も、

「賞味期限が切れているね、このハム」

と何気なく言った言葉に、母親は、

「あなたが食べていたので、私が食べちゃいけないと思って、とっておいたのよ」

私が台所に立つと、傍らに粘着テープのように張り付いてきて、

「麺はそんなにかき回すもんじゃない」

からはじまり、

「それは最初から入れておいたほうがいいのよ」

「まだ、具材を入れるタイミングじゃないわよ」

「タレは、ほら、いま入れなくちゃ駄目じゃないの」

などと口を挟んできて、一緒にいるだけでうんざりする毎日です。

こんな親とはもう縁を切りたいです。


（R子さん　33歳　茨城県　独身）

やり返せば母親の術中にはまる

母親は、娘を支配していれば、娘は自分から離れていかないと無意識に思い込んでいるようです。

例えばあなたがそうやって料理をしているとき、母親が口出しをしてきたら、どんな気持ちになっているでしょうか。また、どういう言動をとっているでしょうか。

「また、言ってきたッ。まったく、いつもこうだから」

などと心の中ではネガティブな感情がふつふつと煮えたぎっていたとしても、反発しながら、あるいは投げやりな態度で、母親の言うことに従っているのではないでしょうか。

もちろん腹の虫が治まらないあなたは、どこかで、逆襲を狙うでしょう。揚げ足をとれそうなチャンスがくれば、あなたはここぞとばかりに反撃を開始するでしょう。

しかしそうやって、お互いに仕返しすればするほど、精神的には相手に依存していくことになるでしょう。

自分ではやり返しているつもりであったとしても、母親の無意識の策略に乗って、二人の親子関係は、ますます離れられなくなっていくでしょう。

こんな関係に陥ってしまうと、あなたがどんなに心情的に、

「もう、一緒に住むのは無理だ」

と感じたとしても、すでに依存してしまっているので、心理的に縁を切ることはできないでしょう。

まずは心理的な距離をとる

こんな状態になってしまっていることに気づいたら、「縁を切る」というような極端な発想をするのではなく、まず「心理的な距離をとる」ことを目指しましょう。

それには、母親の挑発に乗らないことです。例えば母親があなたに、

「なにやってるの。そんなやり方じゃ、うまくいかないわよ」

と言ってきたとしましょう。

そう言われると、あなたはすぐに反応して、

「もう、うるさいなあ。いつもそうやって文句ばっかり言うんだから」

などと感情的に答えていたら、それは母親の挑発に乗っているということです。

そのやり取りを続ければ、当然、争いへと発展するでしょう。

では、こんな場面のとき、

「ごめんね。お母さんが言いたくなるのはわかるけど、これは私のことだから、私の自由にやってみたいんだ」

と、母親の介入を断ってみることです。それでも母親が、

「お前に任せていたら、失敗するに決まってるじゃないの」

などと返してきたとしても、その挑発にも乗らず、

「ねえ、お母さん、私が自分でやりたいの」

などと、きっぱりとした態度で断ることです。

こんな日常の小さなところから始めて、それを繰り返していけば、あなたが少しずつ母親から離れるにつれて、母親も同時に自立心が育っていくでしょう。

気がつけば、親なしでは生きていけない自分に……

「母親がいない世界というのが、想像できない」と相談者の女性は言います。

仲がいいときは、とてもいいのですが、争いはじめると、お互いに感情的になって、つかみ合いになるほど興奮して徹底的に争ってしまいます。それでも翌日になると、何事もなかったかのように、ふるまいます。

物事を一つ決めるのでも、二人して、なかなかできません。

最近の話ですが、母親が私のガラクタを処分しろと言ってきました。

「では、今度の日曜日に処分するから」

と答えたら、

「アンタ！　そんなにすぐって言ってるわけじゃないわよ」

「じゃあ、いつにすればいいの？」

「そんなの私が決めることじゃないわよ」

「お母さんが決めてよ」

「私のものじゃないから、そんなの困るわよ！」

「じゃあ、やっぱり日曜日にするね」

「でも、処分するのもったいないんじゃないの」

「じゃあ、まだ処分しないでおこうかな」

「でも、ここにあると邪魔なのよ」

「じゃあ、やっぱり処分するわよ」

「だから、そんなに急がなくていいって言ってるじゃないの！」

こんなふうに、エンドレスの会話が延々と続くうちに次第に感情的になっていき、争いになっていくのです。

（S子さん　35歳　神奈川県　既婚）

共依存で離れられない母と娘

激しくくっついたかと思うと、激しく反発し合うという母娘の関係は、強力磁石のようなものです。

母親は、娘のことばかり気にしています。

娘は、母親のことばかり気にしています。

そのために、二人は離れることができません。この共依存こそ、他者中心の究極と言えるものかもしれません。

こんな他者意識に陥ると、相手の言動に囚われてしまうために、気に入らないと、ささいなことでも干渉していきたくなります。

とはいえ、その〝気に入らない〟というのも、自分の中に厳密な基準があるというわけではありません。どちらが正しいかを論じるのではなく、「相手がAと言えば、自分はBと言いたく」なります。ですから、「相手がBといえば、自分はAと言いたくなる」でしょう。AであるかBであるかは、どうでもよくて、お互いの言い分に「反対を唱えたくなる」というのが真相だと言えるでしょう。

また、そんな他者中心に陥っているために、彼女が言うように、なかなか決めることができません。まるで「刺激と反応」のように、相手の言葉が〝刺激〟になって、自動的に〝反応〟して反対を唱えているだけなので、自分が選択したり決断したりするときに、自分がその根拠とする明確な基準をもっていません。

そのために、何事も、決めることができず、心の中は常に揺れていて、不安や恐れでいっぱいになっています。

もちろん、そうやって揺れるばかりで決められないので、いっそう相手に依存したくなるという悪循環に陥ってしまうのです。

「私の自由」を取り戻すことから始める

「自分中心」の人は、自分の気持ちや感情を大事にします。物事を判断するとき、自分を基準にします。自分に自由があることを信じられます。

「他者中心」の人は、相手や周囲の言動のほうに意識が向いています。そのために、物事を判断するとき、他人の基準を知ろうとします。自分に自信がないために、決められません。自分に、そんな自由があるとも思っていません。

だから、母親は娘に依存し、娘は母に依存するようになってしまうのです。もちろんどちらも、決めることができないので、延々と〝負の会話〟をすることはできても、納得のいく問題解決ができません。

もし仮に、何かを自分の気持ちや意志で決めたとすると、自信がないだけでなく、罪悪感に駆られます。自分のために行動する自由をなくしているため、自分のために選択したり行動したりすることに恐れを抱いてもいます。そうやって親娘ともども、相手に依存しようとしていくのです。

まずは、娘であるあなた自身が、「私の自由」を取り戻していきましょう。

まずは、朝起きてから夜寝るまでの間の生活の中で、「自由になる」ことを増やしていきましょう。

例えば朝は何時に起きて、夜は何時に寝ていますか？

朝、晩の食事はどうでしょうか？

起きる時間、寝る時間は「私の自由」です。食事をとる、とらないの自由もあります。一緒に食事をとる、とらないも自由です。

もし母親が料理を作ってくれたとしても、それを残らず食べなければならないということもありません。

部屋をきれいにしなければならないこともありません。

こんな小さな日常の一コマで〝自分の不自由〟に気づいたら、それをする自由、しない自由があるのだと気づき、それを実行する。これが、共依存から抜け出すための第一歩となるでしょう。

きょうだいで親をたらい回しにした……

誰が親の面倒をみるかで揉めているというのはありがちな話です。

母親と一緒に住んでいるので、きょうだい間では、独身の私が面倒をみるというのが暗黙の了解となっているようです。父親はすでに亡くなっています。兄と妹がいて、二人とも結婚しています。
私が結婚すれば、母親を一人残して出て行くことになると思うと、積極的に婚活することができません。
兄は、実家の近くに住んでいるんですが、めったに顔を見せません。親の面倒をみたくないので、避けているのだと思います。

不謹慎だとは思うのですが、きょうだい間で、母親が死んだとき、財産をどうするのかという話になっています。

兄も妹も、面倒はみたくないけど財産はほしいというのが、ありありとわかります。

母が元気なうちに、財産も含めて話をしてみてはどうかと、兄に言われました。この前も催促されたのですが、どうやって切り出したらいいかわからないので、そのままになっています。

いつかは話をしなければならないと思うと憂鬱《ゆううつ》です。

（T子さん　35歳　埼玉県　独身）

たらい回しにされる親にもそれなりの理由が

別のケースですが誰が親の面倒をみるかを話し合っておきたいという人がいました。親を交《まじ》えて、みんなで意見を出し合って決める――一見、公平な解決方法のように思うかもしれません。けれどもそれは、

「私が、母と一緒に過ごしたい」

「僕はすぐには来れないから、お金を出して協力したい。でも、たまには、ウチにも来てほしい」

「あなた、たまには旅行でもしてきたら。その間、私が母と一緒にいるから」

といったふうに、親と子どもたちとの関係が良好である場合の話でしょう。

そうでなければ、どうでしょうか。

「うちは、ローンがあるから、そんな金額は無理だよ」

「私は子どもがまだ小さいから、たびたび実家に戻って手伝うの大変なの」

「私は親の面倒をみているんだから、私の労力を遺産の取り分の中に含めてほしい」

などといった会話が飛び交えば、そこに在席している母親は、お白洲《しらす》で裁きを待つ被疑者のような気分になるでしょう。

かといって、子どもたちが母親を抜きに、勝手に「ああでもない、こうでもない」と話し合うというのも、どうでしょうか。それは、すでに子どもたちは「親を親と思っていない、人間扱いしていない」という心の表れだといえるでしょう。

もっとも、もし母親がそうやってたらい回しにされたり厄介物扱いされたりするとしても、それを一方的に「子どもたちが悪い」ということはできません。なぜなら、子どもたちにとっては母親に対してそう思うだけの理由があるということだからです。

それぞれが自分でできる範囲で協力を

もし親が、そういった扱いを受けるとしたら、悲しいことですが、それが、母親がこれまで子どもたちにしてきた仕打ちの結果だと言うことになるでしょう。

母親と子どもとの関係がどんな結果になろうとも、その背景には、家族全員それぞれの〝過去〟が織り込まれています。

例えばもし、親が生きているうちに子どもたちの熾烈な財産争いを目撃することになったとしたら、それは過去の親子関係が、財産争いということに集約されて表面化しているのだと言えるでしょう。

ですから、子どもの誰かが「親が可哀想」だと思ったとしても、その事実を、親自身が受け止めなければならない、ということも起こります。

こんなふうに親自身が、人生の終盤になってようやく、避けていた現実に直面するというのは、決して可哀想という一言で片付けられるものではありません。

親には親の人生があって、その責任が、自分に戻ってきたということもできます。

そんな親に対して子どもたちができるのは、それぞれに、自分の「できる範囲の協力をする」という発想のほうが望ましいでしょう。

子どもたちは子どもたちで、過剰に親の犠牲にならない、と決めましょう。

犠牲にならないことで、罪悪感を抱くことはありません。

罪悪感から親の人生に過剰に干渉すれば、逆に、

「私は損する、私だけが負担が大きい」

などと不平不満を蓄積することになるでしょう。

そんな不平不満の中には、良心の呵責や罪悪感も入り交じっていて、それ故に、かえって状況を悪化させたり、トラブルを引き起こしたりするでしょう。

そんなトラブルを避けるためにも、子どもたちそれぞれが、自分の立場を優先して、「負担に感じない範囲の協力をする」ということのほうが賢明な選択だと言えるでしょう。

また、そのほうが、逆に、負担がない分だけ、心から〝大切な親だから力になりたい〟という気持ちも湧くでしょう。「義務感」からではなく、「愛情」からです。

それでもあなたがもし、親を見捨てると決めたとしたら、罪悪感もそこに置いて、去ってほしい。なぜならそれは、母親自身が、自分の蒔《ま》いた種を刈りとるという結末になった、ということだからです。

関わると必ず不愉快な思いをする父親から離れたい

こんな話をしてくれた男性がいます。

あるとき、父親が、何か食べたいのか台所を占領していました。私は父親が何かしているから、自分は後でしようとその場を譲りました。揉めたくなかったからです。

父親にかかわると、ほぼ、不快な気分になります。

ある日、父親が出かけたとき、私と母親は、玄関周りを片付けていました。大きなものを処分したり入れ替えたりしていたので、玄関の上がり口に、処分品などが転がっていました。そのときに父親が帰ってきました。

父親は、玄関に上がろうとして、いきなり、

「何だ、こんなところに物を置いてたら通れないじゃないか。邪魔なんだよ！」

と怒鳴りました。それは言外に、

「俺が帰るころを見計らって、スムーズに通れるようにしておけッ！」

という要求です。

父親の言っていることは、いつも不可能だったり理不尽だったりすることばかりです。このときだって、いつ父親が帰ってくるかわかりません。土台、父親の動向を把握して、常に快適な状況を用意するなんて、不可能です。

（U男さん　33歳　栃木県　独身）

「かわいそうな人」を演じている父親

人は、根本的に「愛」を求めます。どんな人であったとしても、そうです。でもその求め方が、大きく分けると、ネガティブな関わり方で求めるか、ポジティブな関わり方で求めるか。この二つです。

心が弱くなると、「同情の支配」で、他者の同情を引くことで、それを求めます。この方法も、ネガティブな方法の中の一つと言えるでしょう。なぜなら、人の同情を買うには、常に自分自身が「かわいそうな人」を演じなければならないからです。仮に同情で愛を得たとしても、自分自身が「かわいそうな人」を演じている限り、決して、幸せにはならないでしょう。この父親もそうですね。

父親は、人とはネガティブな関わり方しか知りません。

相手に難癖をつけたり、因縁をつけたり、不満をぶつけたりするというやり方でしか、人と関わることができないのです。

無論、そこばかりに焦点が当たるので、人が自分にしてくれたことや、ありがたいことには目が向きません。ほんのちょっと素直になって、「あ、いま、片付けてるんだ。大変だね。重いものもあるんじゃないか。言ってくれれば、僕も手伝うよ」

などと言うことはできません。ネガティブな意識でいるために、こんな言葉は発想にすらないでしょう。仮にそう思ったとしても、それを言葉で表現したことがなければ、すぐには出てきません。

それができない父親だとしたら、それが親のテーマとなるでしょう。その結果、子どもたちの心が父親から離れたとしても、この例も「自分が蒔いた種」ということになります。

親の責任を肩代わりする必要はない

自分の蒔いた種は、自分で刈りとるしかありません。

それがネガティブなものであれポジティブなものであれ、自分が蒔いた作物であれば、自分が刈りとるしかないのです。

こんなとき、繰り返し強調しておきたいのですが、子どもが親の責任を肩代わりすることはありません。肩代わりは、愛情ではありません。また、そうすることで好ましい結果になることはありません。

このケースも、家族側の視点からすると、父親の不適切な言動に、家族が反応するから、それがエスカレートしているという〝格好の例〟です。

こんなとき、家族は、自分を我慢させています。我慢して父親の犠牲になる役割をしています。その結果、父親が、

「これまで、横暴な態度をとって、みんな、済まなかったね。心からお詫びするよ。申し訳なかった」

となるのであれば、自分たちが犠牲になった甲斐もあるでしょう。けれども、恐らく、そうはなりません。

家族と父親との関係は、3章でも取り上げているように「関係性」です。

家族が父親の好ましくない言動に反応していれば、父親は、またそんな家族の言動

に反応します。そのパターンがネガティブであれば、ポジティブになりようがない、というのは、よく考えればわかることです。

ですから、家族は、父親の犠牲になる必要はありません。

万が一、親を見捨てると覚悟したとしてもそれに対して罪悪感は必要ありません。必要ないと言ったとしても、罪悪感が１００パーセント消えるわけではありません。それでも「罪悪感は必要ないんだ」と意識するだけでも、父親に対する犠牲的なふるまいが、自動的に減るでしょう。

例えば、これまでは摩擦を避けるために父親の言いなりになっていたとしましょう。でもあるとき、父親の指示を、家族の誰かが、

「いま、忙しいので、自分でやってください」

と答えて動かなかったとしましょう。

その繰り返しだけでも、家族に大きな変化をもたらすことが可能なのです。

第6章

親不孝な自分を、許すことができない

どこまで面倒みればいいかわからない

体調がすぐれない母親を心配する、ママさんからの相談です。

母親が倒れて、緊急入院をしました。見舞いに行くと、母親は気丈夫そうに「大丈夫だよ」と笑顔で答えるのですが、かえって痛々しく感じました。命に別状はないと聞かされ安心しました。

これまで母親は病気らしい病気をしたことがありません。でも、両親はともに高齢です。母親がもし介護が必要になったとしたら、父親一人で介護することになります。

私は嫁いでいて、子どももまだ小さいので、頻繁に駆けつけることができません。夫にしてみれば、私の実家の親のことよりも、自分の両親（姑、舅）のほうが気になるようです。

私がときどき実家に顔を出すことを、夫はいまのところは理解を示してくれていますが、回数が多くなると渋い顔をします。特に、夫に子どもを預けて帰ったりするとき、不満を感じているのがありありとわかります。

だから私も、実家に出向くことに気が引けます。

両親のことが心配。でも、家族との生活も大事にしたい。こんな二つの気持ちの板挟みで、心が振り子のように揺れています。

それに、貸し借りではないけれども、私が実家に帰ると、その交換条件として、姑たちの世話をするように要求されるような気がして、滅入ってしまいます。

（V子さん　38歳　東京都　既婚）

わかり合うために伝える言葉の使い方

夫の立場からすれば、妻が頻繁に実家に帰るのは、心地よくはないでしょう。

一方、妻の立場としたら、快く送り出してくれない夫に不満を覚えるに違いありません。

それぞれに、相手の立場に立って考えることは、思った以上に難しいことかもしれません。

でも、その難しさを補うのが、愛情であることは言うまでもありませんが、そんな自分の気持ちを表すのは、「言葉」です。

例えば、これから実家に出かけようというときに、夫が渋い顔をしています。そこであなたが、

「なによ、仕方がないでしょう。私が行かなきゃ、誰もいないんだから。それとも、あなたが代わりに行ってくれるの」

というような言い方をしたらどうでしょうか。夫のほうも、

「何だよ、その言い草は。俺だって、大変だと思うから、我慢してやってるのにッ」

となってしまいますね。

「他者中心」になっていると、他者に意識が向かうので、どうしても、こういう言い方になってしまいがちです。夫に咎《とが》められていると感じれば、いっそう感情的になるでしょう。

では、「自分中心」だったら、どういう言い方になるでしょうか。

「あなたにも負担かけてしまって、ごめんね。でも、もし、実家で何かあったら、私、後悔することになると思うんだ。だから、あなたには、協力してくださいってお願いするしかないわ。……いつも、ありがとうね」

相手の協力や援助が必要なとき、不可欠なのは、こんないたわりの気持ちや感謝の気持ち、そして言葉掛けではないでしょうか。

大切なのは親よりも「自分の家庭」

とはいえ、実家を思うあまり、あなたと夫が対立したり争ったりしてしまうとしたら本末転倒です。

あなたの実家であれ夫の実家であれ、それよりも大事なのは、自分の家庭です。自分の家庭を顧みず、家族を無視してまでも強行しようとすれば、それは決してよい結果とはならないでしょう。

どれぐらい手助けするかという厳密な基準はありません。あるとしたら、それは自分の感じ方が基準となります。

例えば「罪悪感」と「愛」とは異なります。

罪悪感を抱きながら行動しているとき、多くの場合「しなければならない」という義務感や責務感で行動しているでしょう。そのとき、自分の心を感じるとることができるなら、自分が負担を覚えながら動いていることに気づくでしょう。

「愛」で動いているときは、達成感があります。満足感や充足感や幸福感もセットになっています。また、それは、自分にとって、負担にならない分量だとも言えるでしょう。

「愛」と「負担にならない」は、比例します。

あるいは一般的にはそれはとてもハードなことだと感じられるときでさえ、「愛」を感じていれば、それを苦痛とは感じないでしょう。

負担に感じない、あるいは負担だと思えることさえも負担に感じないからこそ、両親の手助けができた、支えることができた、という満足感や充実感が湧くのです。

つまり、援助や協力の基準は、自分が「負担を覚えない範囲」と言えるのです。その範囲を越えるとしたら、「施設に入ってもらう」というのも選択肢の一つだと言えるでしょう。

親の葬儀でも、泣けない自分がいた

父親のお葬式で涙が出なかった自分に驚いたという方からの相談です。

医者から「ご臨終《りんじゅう》です」と宣告されても、放心状態だったのか、涙さえ流れませんでした。

臨終のときは、もっと荘厳な気持ちになるのだろうと想像していたので、「こんなに呆気《あっけ》ないのか」と変な気分になりました。長患いで、次第に覚悟していいったからかもしれません。

葬儀のときも、その光景を人ごとのような目で見送っていたように思います。

確かに、父親とは、心理的な距離は遠かったと思います。怖くて、近づくことができませんでした。だから、父親と一緒にいても緊張するだけで、楽しかったというエピソードがありません。

私は外国人の女性と結婚して二人の子どもがいるのですが、父親には、

「たまには、家に顔を見せろ！」

と言われていました。

しかし子どもを連れて帰っても、父親は孫と遊んでくれるわけでもなく、子どもたちも父親になついていません。

父親は、歳のわりには頭もしっかりしていて、元気で仕事をしていました。だから最後まで現役で、ぽっくり逝《い》くだろうと思っていました。

しかし、現役を引退した途端、急激に身体が衰えていきました。それから2年半ほど、私たち夫婦で、母親と交互に介護をしてきました。それでも父親は感謝するどころか、頭ごなしに命令したり怒鳴ったりするのは相変わらずで、

「どうせなら、口が利けなくなればよかったのに」

と憎まれ口を叩きたいほど、うんざりしていました。
親が死んでも涙も出ない私は冷たい人間なのでしょうか？
（R太郎さん　57歳　神奈川県　既婚）

結婚すると言ったら父親から縁を切ると言われた

彼は「最後の最後まで、自分が親に復讐しているのだろうかと思ってしまうほど、同情する気にはなれなかった」と言います。

すでに早くから、彼は心の中で、父親とは縁を切っていました。だから、結婚も早かったし、家から離れられたという思いから、解放感でいっぱいになったことを思い出したといいます。

母親は、長男である彼が一緒に暮らしてくれると信じていたようです。独身のとき、縁談の話を何度か持ってきたのも、自分が一緒に生活をする上で、自分のお眼鏡にかなったお嫁さんを、という思いがあったのでしょう。

だから彼が、外国の女性と結婚を決めたとき、「結婚するなら縁を切る」とまで言われました。父親が言うのならまだ理解できますが、母親もそれに同意したことに、彼はショックを受けました。

彼はそのとき、本気で悩んだと言います。

「縁を切られたら、何かあったとき、助けてもらえない。金銭的な援助が必要なときもあるだろう」

そんな不安で悶々としたのですが、結局それは、彼を自分の手元に引き留めるための脅し文句に過ぎず、彼が結婚しても縁を切られることもなく、父親の最期を迎えたのでした。

縁を切りたかった父親から学んだこと

それにしても彼の両親は、どうしてそこまで、一緒に住むことにこだわったのでしょうか。

世間体があったのでしょうか。いまどき跡取り息子なんて時代錯誤の感もありますが、親戚の手前、長男が親の面倒をみないということを恥だと思ったのでしょうか。

プライドが高ければ、体面もあるでしょう。

家を継ぐもなにも「そんなたいそうな家ではないし、財産だって、きょうだいで分ければ、たかが知れた額にしかならない」と彼は言います。

彼の父親は、「死んだら終わりだ」と言っていました。

確かに、「死んだら終わりだ」と彼も父親の姿をみて、そう思いました。

彼の手元には、父親が趣味で集めていた諸々の骨董品が残されました。その中でもとりわけ気に入っている彫刻の観音像は、孫が触ることも許しませんでした。

でも彼は、死ぬってこういうことだと思いました。

「死ねば、親父は自分が気に入っていた骨董品の一つすら、天国に持って行くことはできない。どんなに独占したい物であったとしても、死ねばそれは残される」

結局、誰一人として、それを所有することはできない。どんなにそれを独占しようとしても、それはただ、生きているとき、自分のものと錯覚して保管しているだけで、そういう意味では「この世のものは、すべて借り物なんだ」と思うのでした。

彼の父親は独りよがりで、頑固で孤独で、めったに笑顔を見せたことがありませんでした。

「父親は、心から満足することがあったのだろうか。心から、幸せだと感じた瞬間があったのだろうか」

と思わずにはいられません。

父親の葬儀でも、泣けなかった……。早くから父親のような生き方に染まらず、苦闘しながら父親と違った道を模索した結果、今があります。「妻や子どもがいる」自分を、幸せだと思えます。彼は骨董品の山を前にして、「私が父親から学んだことは、これなんだ」と思ったのでした。

病気がちな親を、面倒くさいと思ってしまう

ある相談者の女性は、まるで自分の病気がステータスであるかのように語る父親に辟易していると言います。

振り返ってみると、私が物心ついたときから、父は「腰が痛い」と言っていました。
私を抱き上げると、痛そうに腰を押さえたのを憶えています。母が荷物の移動を頼んでも、「腰が痛いんだ」と断ったり、休日は、それを理由に一日中、ゴロゴロしていることも少なくありませんでした。子ども心にも、

「お母さんはあんなに朝から晩まで働いているのに、どうしてお父さんはなにもしないんだろう？」

不思議に思っていましたし、なにも言わない母親を奇妙に思っていました。でも私がもっと小さい頃は、言い争いをしていた記憶もあるので、母親は次第に言うことさえ諦めていったのだと思います。

いまでも、「頭が痛い、目が痛い」と、痛いところは変わりますが、ずっと、「痛い、痛い」という言葉を聞くのにさえ、慣れてしまって、

「調子が悪いの？」

などと父親の話に合わせる気持ちすらなくなってしまっています。けれども、それはそれで父親のプライドを傷つけるようで、反応しないとイライラして、私たちに当たり散らします。

そんな調子ですから、仕事も50歳を機に辞めてしまいました。

最近は「痔の痛み」が主流です。

動いても痛い。這っても痛い。座るのも痛い。仮病だとは思いませんが、なに

もしないのには、最も好都合な理由です。

こんな親を面倒みたり介護したりしなければならないのかと思うと、絶望的になってしまいます。

（S美さん　53歳　大阪府　既婚）

無意識に、病気をアイテムにして世話させている

彼女の言う通り、父親は家族を、自分の思った通りに従わせるために、無意識に病気を利用しています。

持病を口実にすれば、

「俺はこんなに体調が悪いのにやっているんだ。お前がカバーして当然だろう」

「俺がこれをしているんだから、サポートするのが当たり前だろう」

「俺がいま、どんな状態なのか、わかっているのか。俺は、痛いのを我慢してやって

るんだぞッ」

などと、まるで特権階級であるがごとくにふるまえるので好都合です。

ですから、絶対に病気を手放しません。

誰もが心の底で、「自分の存在を認めてもらいたい。愛されたい」と願っています。ポジティブな方法でそれが叶わないと、ネガティブな方法で、それを得ようとします。病気もその一つと言えるでしょう。無意識に、「病気を使っている」のです。

ただ、こんなやり方で自分の存在を認めさせようとすれば、常に病気になっていなければなりません。

また、家族が、父親の病気に過剰に反応して気を遣ったりすると、ますます病気を使うことをやめようとしないでしょう。

なかには「〝病気を使う〟なんてことができるのか」と、信じられない人もいるかもしれません。けれども、例えば、健康であるには、自然に適った健康的な生活をしたり、健康である努力をする必要があります。

同様に、不健康であるために、自然に逆らった生活をしたり、食生活を無視したり不摂生をつづければ、願った通りに、体調不良となるでしょう。無意識に、健康に悪いことをしてしまうのです。

もちろん、そんなやり方は望ましくありません。病気であることが父親にとって自分の願いを叶えてくれるアイテムであったとしても、家族にとっては迷惑な話ですし、面倒くさいと思ってしまうのも無理ありません。

もしかしたら、あなたもポジティブな人間関係が苦手では

「病気を使う」人たちは、人が自分のために協力したり愛してくれたりすると信じていません。とりわけ素直に、「〇〇してほしい」と頼むことができません。

自己評価が低いために、

「頼んでも、誰も自分の頼みを引き受けてくれない」

と思い込んでいて、頼んでも「どうせ断られる」と決めつけています。しかし病気だと、相手も無下《むげ》に自分を扱うことはできないと知っています。だから、断られて傷

つくよりも、病気であり続けようとするのです。頑固で我の強い父親であったとしても、そうです。逆に、素直に頼めないからこそ歪んだ自己主張をしてしまうのです。

こんな父親には、病気であることよりも、健全な方法でも自分の思いが叶うということを、日常的に知ってもらう必要があるでしょう。

その一つとして、すぐに父親の思いを察して動かないことです。例えば、お茶をいれるとき、家族が気を利かして黙って父親のお茶を用意するよりも、

「お父さん、お茶、飲みますか」

と尋ねてみるのもいいでしょう。

尋ねると、

「ああ」

「いらない」

などと最初は戸惑って、ぶっきらぼうな答え方をするかもしれません。

けれども、問われると、答えざるを得なくなるから、自分の気持ちや欲求や意志を自覚するようになります。

また、同時に、娘や家族が絶えず尋ねていると、父親も、

「これ、食べるか」

などと、尋ねる方法を覚えて、その言い方を真似るようになるでしょう。

もし、あなたが、父親とのそんな努力を面倒くさいと思ってしまうとしたら、実は、あなた自身も、父親と同様に、人とのポジティブな関わり方が苦手になっているかもしれません。もしそうだとしたら、そんなレッスンは父親のためというよりは、自分自身のためと言えるでしょう。

「認知症」の親をみていると自分の将来のほうが怖くなる

認知症の母親を抱えた相談者の女性は、「あんな惨めな姿になってまでも、生きていたくない」と言います。

これまでも母親の言動に「あれ?」と不審に思ったことはありました。でもはっきりと「これは認知症だ」と確信したのは、いつも通っている近所のスーパーに出かけたのに、帰り道がわからずに迷ってしまったときでした。

最近では、トイレの場所がわからず、間に合わずに失禁をしてしまうこともあります。

こんな認知症の症状が出てくるのは仕方がないとしても、母親のあの、わがままぶりには閉口してしまいます。どんなに理解力が低下していくとはいえ、可愛い認知症の人もいると思うんです。

私の母親はこれまでずっと、辛抱強い母だと思っていました。

長年、我慢しすぎたせいでしょうか。こんなに我が強いとは思ってもみませんでした。明らかに間違ったことをしても、「違う」と言って譲らないので、手に負えません。

私たちが外出で留守のとき、火を使わないようにとガスの元栓を止めたら、帰宅したとき、母親は鍋をもって台所でウロウロしていました。

「何をしているの？」

と尋ねると、

「料理をするんだ」

と言います。そして、「火が点かないッ」と、躍起になってコンロのスイッチを回します。私が宥《なだ》めようとすると、母親は、

「どうして邪魔するんだ！」

と叫んで、私に鍋を投げつけたのでした。

こんなふうにだんだん以前の母親ではなくなっていく姿をみていると、看病以上に、自分も将来こうなるかも知れないと怖くなってしまいます。

（T美さん　55歳　東京都　既婚）

認知症になると自分を抑えていたものが外れる

自分が自分でなくなっていくことに恐れを抱いているのは、娘よりも、母親自身のほうではないでしょうか。

意識がはっきりしているときは、「家族に迷惑をかけたくない」と思ったり、だん

だん、意思の疎通ができなくなっていく自分に不安や恐れを抱いたりしていると思います。

認知症になっていくと、自分が長い人生の中でずっと抑えたり、我慢したりしていたことが表面化してきます。

あなたが「辛抱強い母親だった」というように、認知症も、自分を大事にしてこなかったことと無関係とは言えません。

本来、私たちは、自分の気持ちや感情や意思を大事にしたいと思っています。でも、もろもろの事情や社会や環境的立場から、それができない人、あるいは「自分の気持ちを殺さなければならない」と思い込んでいる人たちは、必死で、自分のそんな欲求を抑え込もうとして自分と戦います。

そんな努力をするときに生じるストレスは、想像以上のものがあるのではないでしょうか。

認知症になると、そんな自分を抑え込んでいたものが外れます。言い方を変えれば、そんな自分から解放される、という捉え方もできます。

認知症にならないと自分を解放できないというのは、非常に悲しいことですが、そんな母親を否定したり非難したりすることはできません。

認知症の母を否定することは自分を否定すること

あなたがそんな母親を受け入れられるような気持ちになれれば、あなた自身の「将来、自分もそうなるのではないか」という恐れが、少し減るのではないでしょうか。

私たちが目指す「究極の私」は、「どんな自分であってもいい」ということだと思います。

母親を介護していれば、否が応でも、現実と向き合わざるを得なくなります。それは、自分自身と向き合うことでもあるでしょう。

自分が、いま、そんな母親をどうみているのか。どんな気持ちでいるのか。それがそのまま、自分のテーマでもあると言えます。

母親の姿をみて「母親のような悲惨な自分にはなりたくない」と恐れを抱くとした

ら、それは母親を否定しているだけでなく、自分自身を否定していることにもなるでしょう。

「どんな母親であってもいい。私にとっては、かけがえのない母親だから」

という見方ができれば、どうでしょうか。

それは即ち、

「どんな私であってもいい。どんな私であったとしても、私はかけがえのない存在だから」

というふうに思えるでしょう。

そんな捉え方ができれば、母親の気持ちを、

「そうよね。お母さんは、それをしたかったのね。邪魔してごめんなさいね」

などと、もっと愛情を感じながら受け止めることができるでしょうし、その思いが言葉として出てくるでしょう。

また、それは同時に、自分自身を受け止めていることでもあるのです。

自分を責めてしまうのは、考え方の問題？

多くの人たちが、自分を責めています。

とりわけ肉親となると、「自分をとるか、親をとるか」という局面で、自分を守ろうとすると親を見捨てたり裏切るような気持ちになって、罪悪感に苦しむでしょう。

しかしそんな罪悪感は、良心の痛みや良心の呵責《かしゃく》からくるものとは限りません。むしろ、大多数の人たちが、責める必要のない罪悪感で自分を責めています。

厳密に言うと、前にも少し触れていますが、良心の痛みと罪悪感とは異なります。良心の痛みは、「愛」から派生します。だから、心から、悔い改めようと思ったり、問題点を改善したりしようとします。そのために、行動する力があります。

けれども、罪悪感は、そうはなりません。「自分を責める」で終わります。

なぜなら自分が罪を感じるわけですから、自分を罰せずにはいられません。悔い改めたり改善したりすれば、罪悪感がなくなります。自分が悪いわけですから、それでは困ります。

このように、罪悪感は、自分を「罰する」ことが目標となっています。だから、問題を改善するための行動をするよりも、ずっと自分を責め続けることになるのです。しかもその多くが、恐らく、責める必要のないことで、自分を責めているはずです。

もう一つ、罪悪感は、自分を責めているから、他者も責めたくなってしまいます。

「自分がこうやって罪悪感を抱いているんだから、お前も罪悪感を覚えて当然だろう」

という理屈です。ですから、そうやって自分を責める意識が強い人ほど、相手を強く責めてしまいます。

例えば、誰かがミスをしたとしましょう。

「どうして、そんなことをしてしまったんだ。お前はとんでもないことをしてしまったんだぞ。もう、取り返しのつかないことをしてしまったんだからな。どう責任をとるんだよ」

と、小さなミスさえも、針小棒大にして騒ぎます。

親子・家族問題はネガティブ感情の表面化

もしあなたが、そうやって相手を必要以上に追い詰めてその責任を問うとしたら、それは、自分に厳しいからだと言えるでしょう。自分に厳しいから、

「私がこんなに苦しんでいるのだから、あなただって、もっと苦しまなくちゃ不公平でしょう」

と、相手にも厳しいことを言いたくなるのです。

罪悪感には、犠牲が伴います。

しかし、家族の誰かが犠牲になったところで、平和が訪れることはありません。仮にそうみえたとしても、それは深いところで封印されているに過ぎず、いつか目を覚まし、表面化することになるでしょう。

例えばそれは、かつての日本の風習でも垣間見ることができます。

ひと時代むかしの結婚は、個と個との結婚ではなく、家と家との結婚でした。個人の意思を尊重するよりも、

「そろそろ適齢期だから、結婚しないとね」

などと、世間体が重視されました。

結婚したらしたで、嫁の立場は最も低く、嫁は末席で、お風呂も嫁が最後に入って風呂掃除をするといったことが当たり前の時代でした。

そうやって忍従、忍従を強いられても、

「嫁さえ我慢すれば、丸く収まる」

姑が嫁を厳しく育てる——映画仕立てでも、それが美徳であるかのようなストーリーで語られたりもしていました。

この「嫁姑問題」の背景も「かつて嫁として忍従を強いられてきた姑の復讐心の賜」と言い換えられるかもしれません。

その結果どうなったかは、説明するまでもないでしょう。

気がつかないかもしれませんが、親子問題、家族問題の大半が、こんな代々、解消されずに持ち越されていたネガティブな感情や意識が、現代においても、対立、不和、争いといった形で表面化していると言っても過言ではないのです。

もっとも現代は、逆バージョンで、嫁の姑いびりが話題になったりもしています。

罪悪感は抱かなくていい

ネガティブな意識があれば、それが土台となって、ネガティブな選択や行動をしたりして、ネガティブな状況を引き起こしやすくなります。

もしあなたが親子問題、介護問題などで頭を悩ませているとしたら、どこかに、ネガティブな言動があって、そこから生じているはずです。

その代表と言えるのが罪悪感です。

罪悪感は、あなたが感じるだけでなく、親は親で、自分の生き方の理由から罪悪感を覚えています。

あなたが罪悪感を抱き、両親も罪悪感を抱いているとしたら、罪悪感の相乗効果から、どんどん状況は悪化していき、笑い話のネタにもなりません。

そういう意味では、あなたが罪悪感を覚えないほうが、まだ、状況が好転する可能性が高くなります。

また、無意識の領域から捉えると、それぞれに起こっていることは、自分に関していえば、誰の責任でもなく、すべて自分が選択した結果です。

もし親が、あなたの目には〝悲惨な結果〟のように映るとしても、それは、決してあなたのせいではなく、親自身が、そんな人生の結末を、自分で用意していると言えるでしょう。

例えば、あなたがもし、親を見捨てると決めたとしたら、そう決断したくなる理由が親にあるからでしょう。

言葉の暴力を浴びせ続けられたら、とても親と一緒にはいられません。

親にしがみつかれて無理難題を要求されたり、お金をせびられたりしたら、突き放したくもなるでしょう。

あなたはそんな親に育てられました。だから、あなたがどう決断しようと、親があなたにそんな決断をさせているとも言えます。

あなたが親に対して罪悪感を抱いていても抱いていなくても、親が、親自身の理由から、自滅的な生き方を選ぶということも少なくありません。

だとしたら、それは止めようがありません。

なぜなら、それが「親自身の意思」だからです。

もしそうだとしたら、どんなに悲しくても、あなたは真摯な気持ちで、それを認めることが、親を尊重することになるのです。

また、あなたがそんな決断をするとしたら、逆に、それが功を奏して劇的な変化をもたらす良いチャンスとなるかもしれません。

第7章

子と親で ともに「育て直し」をする

誰もが「愛されたい」と望んでいる

ネガティブな言動はどんなものであれ、その奥には痛切な思いがあります。その思いは、突き詰めれば、大半の人たちが「愛されたい。大事にされたい。認められたい。尊重されたい。必要とされていたい」という望みではないでしょうか。仮に親子がどんなに争っていたとしても、その底には、親も子も、相手に「わかってほしい」という思いがあって、それを相手に求めています。

しかしながら、「愛する」にも「愛される」にもさまざまなスキルが必要です。ポジティブなスキルを学ぶのか、ネガティブなスキルを学ぶのか。

ポジティブなスキルを学んでいなければ、暴力的に求めたり、場合によっては、病気になって同情をひいたりして、それを獲得しようとします。

依存したい。甘えたい。誰かにしがみついていたい。介護問題は、こんな〝心〟の問題と無関係ではありません。本当に求めているのは、一言でいうなら「愛」ですから、機械的に自動的に介護すればいいというわけではありません。

例えば、言い方一つで、お互いの関係は変わってしまいます。

A「こんな仕事をするのが夢なんだ」
B「無理、無理。そんな高望みをしたら、痛い目にあうぞ」
これは相手を即座に否定しています。

A「こんな仕事をするのが夢なんだ」
B「そうかあ、そんな夢があるんだ。聞いていると、私のほうもワクワクしてくるなあ」
これは相手の気持ちを受け止めて、相手の心を感じています。

こんな例があります。
父が亡くなって間もないある娘が母親に電話をしました。
母親は、開口一番、

「お父さんのモノは捨てようと思っているの」

と言いました。そして、続けます。

「でも、もったいないかなあ」

「でも、使わないから、いらないか」

「でも、ゴミにするのは気がひけるよね」

「でも、アンタたち、どうせいらないんでしょ！」

「でも、買ったら高いのよ！」

「でも、もらってくれる人なんかどうせいないでしょ！」

「でも、ないと困るときもあるんじゃないの！」


当の娘はなにも応えていません。母親はずっと一人で話しつづけていて、娘が一言も発していないことにすら、気づいていませんでした。

しかし娘は、

「寂しくてしょうがないんだろうな」

と、母親の気持ちに寄り添うことができました。

さらに、

「マイナスの関わり方しかできないんだから」

と思うことができたと言います。

「そんな時代に育った女性《ひと》だから、彼女だけが悪いのではない」

と、母親の環境を認め、受け入れたので、やさしい気持ちになれたのでした。

お互いに「でも」という言い方をしていないか

「他者中心」の人たちは、自分の意識を常に相手のほうに向けています。相手に対して「でも」を用いれば、相手の言うことをすべて否定したくなるでしょう。

単に、「でも」という言葉が口癖になっているだけかもしれません。自分が常に「でも」という言葉を使っていると気づかない人すらいます。

親子関係で、親も子も「でも」を用いると、争うことになるでしょう。「でも」が口癖になっているから、対立し合うだけでなく、決着がつきません。決着がつかないからいっそう「でも」という気持ちで、お互いに相手に絡みたくなっていくのです。

しかも、互いに譲らないから、肝心の問題から逸れていくばかりとなるでしょう。

「でも」が口癖になっていると、他者に対してだけでなく、自分に対してさえ、上記の例のように、言った直後からそれを否定したくなります。無自覚に使っていれば、

「今回は、引き受けたくない」

「でも、断ると、親がどう思うだろうか」

「でも、引き受けるのもつらい」

「でも、子どもだから、やってあげて当然なのではないだろうか」

「でも、そうすることで、自分の家族のほうにしわ寄せがくることになる」

などと迷ったり自分を責めるだけで、決めることすらできなくなっていくでしょう。

自分がどんな言語を使っているかに気づかない人が少なくありません。

それが癖になっていると、知らずに、使ってしまっています。

この例のように単に、

「でも」という言葉を使わないように努力する。

「そうだね」と一言、言ってみる。

こんな言葉の置き換えだけで、親子関係が一変するということもあり得るのです。

時間が足りないという問題

老親の面倒や介護の話になると、「時間が足りない。経済的余裕がない」といった声が少なからずあがります。でもそれは、本当でしょうか。

心理的な側面からみると、実質的にかなりの時間を浪費しているかもしれません。

例えば、普通の会話でも、ネガティブな思い込みがあると、相手の言動を否定するところから始まります。

言葉では言わなくても、最初から、態度や表情や言葉の響きなどで、それは相手に伝わります。支配的な家庭環境、争い合う家庭環境だったりすると、お互いに、相手の言うことを素直に認められません。

仮に自分の判断が間違っていたとしても、自分の非を認めようとせずに、粘って主張します。

例えば、こんなふうに展開していきます。

どうでもいいような、ごく些細な場面です。

「これ、電池切れてない？」

「そんなはずはないよッ」

「でも、ライトが点《つ》かないよ」

「そんなはずはないッ」

と奪うようにして、点けると、うっすらと点きます。

「（そこで）ほら、点くじゃないか！」

「そう？　光が弱いけど」

「弱くないよッ」

人と競う意識が、正確な情報をゆがめさせます。

「ほら、見えにくいと思わない？」

「（まだ）そんなはずはないッ」

そうやって粘った後で、苛立ちながら、もう一度、自分で再度操作して、

「あ、ほんとだ、電池が切れているかも」

ここでようやく、電池を入れ替えるという作業に辿り着きます。


他方、ネガティブな思考や偏った思い込みがなく、心がニュートラルな人ほど、相手の言葉を素直に聞けます。

「これ、電池切れてない？」

と言われれば、素直に、

「え、そうなんだ」

と受け止めることができます。

相手を否定したり競う気持ちがないので、

「ほら、点き方が弱いでしょう？」

と、冷静に確認し合えます。そして、

「あ、確かにそうだね」

というふうに、スムーズに流れます。


単に「電池を替えるかどうか」の話です。

これだけの場面でも、前者のような親であれば、後者の何倍も疲労してしまいます。陸上競技で言うと、スタートラインにつくまでに一悶着二悶着あるので、いよいよスタートというときにはすでに疲れ切ってしまっている、というようなものです。

肉体の疲労は、休憩すれば回復可能です。けれども精神の疲労は、「あのときも、このときも、その前も」が積もり積もっていきます。

毎日の家族の光景がネガティブな雰囲気で、また、交わされる会話もネガティブであれば、どんどん心身を摩滅させていくでしょう。

その果てに、

「親なんて、一分でも傍にいたくない」

と、親と縁を切ってしまう子どもたちもいます。

多くの人たちが介護問題では、「時間が足りない。暇がない」あるいは「お金がない」ということを理由に挙げます。確かにそれらは現実的な問題かもしれません。

しかしもし、親子関係が良好であったなら、どうでしょうか。

傷つけ合って不快な時間を過ごすことはありません。

一緒に過ごすことで、双方が満足できるし、感謝の気持ちも湧くでしょう。

お金がなくても、どうにか工面しようという気持ちにもなるでしょう。

お互いに、協力し合うこともできます。

こんなふうに、時間やお金の問題は、親子関係が改善されれば解決することも多いのではないでしょうか。

心の中が、不平不満でいっぱいになっていないか

前記しているように、ネガティブな実感の分量が多ければ、それを土台として、ネガティブなものを選択しています。その結果、失敗する確率が高くなるでしょう。

例えばあなたが、親に対して、

「親のせいで、就活に専念できない、婚活もできない」

「ほんとうはもっとやりたい仕事があったのに、親のせいで諦めざるを得なかった」

「親が元気になるまでと思っていたけれども、どんどん依存してきて、たまったもんじゃない」

などと自分の心が不平不満でいっぱいになっているとしたら、それは自分の運を悪くするレッスンをしているようなものです。

とりわけ、

「親のせいで、自分の望みが砕かれた」

というふうに、「〜された」と考えているとしたら、すでに〝被害者意識〟に陥っています。

「私ばっかり、貧乏くじを引かされる」

もしあなたが、こんな被害者意識に囚《とら》われているとしたら、無意識に、

「私は無力な存在で、現実を打破する力がない。自分の人生は、他者によって、なす

がままに翻弄されるしかない」

と思っているでしょう。

そう思い込めば思い込むほど、自暴自棄になって、自らネガティブな選択や行動をしていくに違いありません。

どんなことも「自分を育てる」種になる

同様に、ポジティブ実感の分量が多ければ、それを土台として、ポジティブなものを選択していきます。その結果、成功する確率も高くなります。

ネガティブなのかポジティブなのか、自分がどちらのパターンで動いているのか。簡単な見分け方として参考になるのは、両親です。

親がどんな人生を歩んでいるのか。もし自分の両親を尊敬したくなるようであれば、あなたも、そんな人生になるでしょう。

子どもは家庭でみんなと一緒に暮らしているうちに、家族の言動パターンを学習します。祖父母がいたり兄弟姉妹がいれば、その影響もありますが、最も影響力が強いのは、やはり両親です。

ですから、親がポジティブな言動パターンで動いていれば、自分自身もすでにそんな言動パターンを身につけているので、自分の人生においてもポジティブな選択をしていく可能性が高いでしょう。

自分の親がいま、どんな生活をしているのか。幸せなのか、不幸なのか。どんなふうに幸せなのか、どんなふうに不幸なのか。

それはいま、親がそれを証明してくれています。

それはまた、自分の未来の姿と重なります。

どんな出来事も自分にとって、それは「自分を育てる」種となります。

同様に、親も、どんなに歳をとっていても、子どもとの間で起こっていることは、「自分を育てる」材料となります。

ですから、もしあなたが心の中で不平不満をたくさん抱えているとしたら、それは

「自分を大事に丁寧に扱っていない」という、あなた自身の無意識からのメッセージだと言えるでしょう。

そのときどきの出来事を、親のせいや他者のせいにするのではなく、「自分の問題」として捉えることができるなら、その不平不満が、自分の人生をよくするためのきっかけとなるでしょう。

自分を大事にするための基本は、まず自分の気持ちや感情に焦点を当てることです。そして、自分が実際に行動しているときに、どんな気持ちを感じているのか。もしあなたが、○○をしたとき「不満を覚えた。イラッとした。腹が立った。辛くなった」としたら、まずはそれに気づくことです。

そんなネガティブな感情や気分になるとしたら、それは自分自身がそうすることを負担に感じたり、苦痛を覚えたりしている、ということです。

その「負担や苦痛」を、判断の基準としましょう。

これを基準とすることができれば、

「それを解消するために、どうすればいいだろうか」

と考えることができます。

場合によってはそれを「しない」と判断したり、断るということになるでしょう。

これができれば、恐らく「親と縁を切る、親を見捨てる」といった決定的な決断はしないですむかもしれません。

というのは、そんな極端な決断になってしまうのは、本当は、そんな日常の小さな「負担、苦痛」を我慢してやっているからなのです。

お互いに、相手を感じ合っていない

私たちにとって、愛情は絶対不可欠のものです。

ただ、「愛」といっても、その基準は非常に曖昧模糊《あいまいもこ》としています。

親子関係、とりわけ介護問題などでは、相手のために尽くすことが愛情だと勘違いしている人もいるに違いありません。

けれども、親に尽くせば、親が感謝してくれるというものでもありません。

子どもが「親の犠牲にされている」という被害者意識で、親の世話をしているとすれば、自分の心を隠していたとしても、それは態度や表情や言い方にあらわれます。

子どもとしては、我慢しながら親のために尽くしているつもりです。

けれども、例えば、ため息をつきながら食事の支度をしたり、面倒臭そうな顔で接していれば、どんなに頑張ったとしても、親は、「子どもがやってくれたこと」よりも、そんな子どもの態度や表情や言い方に意識が向かい、そして傷つきます。

そうなれば子どもがどんなに尽くしていたとしても、親もまた素直にはなれずに、

「何よ、お前は、お母さんがさっさと死ねばいいと思っているでしょう」

などと、憎まれ口を叩きたくなるでしょう。

行為そのものよりも、それをどんな気持ちでやっているのかのほうが、重要です。

お互いに、相手の心を感じ合っているかどうか、です。

「あなたのことを、大切に思っています。あなたが好きです」

といった思いや、

「感謝しています。助かります。嬉しく思います」

といった心の響き合いがなければ、なにをやっても、自分の努力が報われること
も、自分が満足することもないでしょう。

お互いの心を感じ合う

例えば娘が、

「何してるのよッ」

と、母親の不審な行動を咎めるように言いました。

「あれよ、ほら、あれ」

と、名詞がなかなか出てきません。

「あれって、なによッ！」

「ほら、あれよ」

「あれ、じゃわからないでしょうッ」

「あ、そう、通帳！　通帳！」

「ああ、通帳ね。通帳がないのッ」

「そうなんだよ。どこを探してもないんだよ」

「この前、ちゃんと渡したでしょうッ」

「もらってないよ」

「なに言っているのよ、渡したわよ！」

「もらってないよ」

「ちゃんと、渡しました！」

娘の言い方に母親も腹を立て、

「お前が私に渡すからいけないんだよ。お前が保管しててくれれば、よかったんだ！」


お互いに相手の心を〝感じ合う〟ことができれば、

「どうしたの？　何か探しているの？」

「あれよ、ほら、あれ」

「あれって？」

「ほら、あれ、あ、通帳！　通帳！」

「ああ、通帳ね。通帳がないの？」

「そうなんだよ。あれがいま、必要なんだよ」

「そうなの。それは困ったわね」

「そうなのよ。どこにしまったんだろうねえ」

「そうか、じゃあ、私も探すの手伝うね」

「ああ、助かるよ」

まずは自分をいたわってみる

意識が「他者中心」になっていると、自分のことより相手の言動に囚われてしまうので、自分の気持ちや意思よりも、相手の言動を気にします。

そのために、物事の判断をするときも、相手のことを過剰に気にして、自分の気持ちを無視してしまいがちです。勝ち負けの意識が強い人であれば、相手をどう制御するか、どう打ち負かすかといったところに焦点が当たった判断をしてしまうでしょう。

こんな他者中心の意識で判断すると、起こっている問題が解決するどころか、よけいにこじれたり、逆に争いになったりするでしょう。

ほとんどの人たちが、自分では気づかずに、そんな動きをしています。

相手の心を知るには、まず「自分中心」になって、自分の心に気づき、また、それを感じることができるかどうかが重要なポイントです。

自分の気持ちに気づいたら、まずは、「そんな自分の気持ち」を受け入れ、認め、いたわることです。

例えばいま、腹が立っているとしたら、

「ほんと腹が立つよね。無理ないよ。あんな言い方をされれば誰だって腹が立つよ」

と、一度立ち止まって、自分をいたわることです。

イライラする自分がいたら、いったん立ち止まって、

「ああ、イライラしてきたなあ。疲れているんだから、当たり前だよ」

などと、自分の気持ちに沿った「共感の言葉」を自分に投げかけてみることです。

「そうだね。大変だね。わかるよ。そんな気持ちだったんだ。それでいいんだよ。無理することないよ。もう、充分じゃないのかな」

こんなふうに人の心に寄り添うためには、まずは自分の心に寄り添うことです。自分の心に寄り添って、自分の心に共感できてこそ、人にやさしくできるのです。

親のことで悩んでしまうのは、日本の問題？

高齢の女性が、自分が死んだ後のことまで、心配していました。

こんなに家の中にガラクタがあふれていたら、子どもたちが始末にこまるだろう。

私たちが死んだら、子どもたちは、誰一人、墓参りにこなくなるだろう。

法事をちゃんとやってくれるだろうか。

子どもが独身なので、このままだと家が途絶えてしまう。

息子がいないので、○○家が途絶えてしまう。

昔は、家屋敷に愛着を持っていました。代々伝わる家屋敷を守るという考え方も根強くあります。長男が、名前を継ぐ。敷地内に一族の墓があるという歴史のある家もあるでしょう。

その一方で、家を処分して、住み慣れた場所を離れ、老人ホームや介護施設を終の棲家とする人もいます。こんな施設も次第に快適な環境に整備されてきていて、昔のような姥捨て山的な暗いイメージはありません。温泉付きやホテル住まいのように豪華な施設もあります。

お葬式も、家族葬で済ませ、共同の納骨堂に遺骨を納めるということも多くなってきました。

親戚付き合いが煩わしいので、法事も身内だけですする。回忌法要も減らしていくといったふうに儀式的なことをとりやめていく傾向にもあります。

65歳以上の5人に1人が認知症に

高齢社会となって、認知症になる人たちが急増しています。

厚生労働省の発表によれば、2025年には700万人にも達し、2050年には1000万人を超えるだろうとの予測があります。

実に、65歳以上の高齢者の5人に1人が、認知症になるという時代になってきているのです。

心理面で言うと、自立心の高い人ほど認知症にはなりにくいと推測できます。

この自立心というのは、「一人で誰をも頼らず、孤高の精神をもって、困難に耐えながら強く生きていく」という意味ではありません。

逆に、孤独を抱えながら、誰も頼りにしないでやせ我慢して一人で生きようとする人ほど、誰かに依存したくなり、依存できる相手にはしがみついて離そうとしないでしょう。

自立心というのは、その反対です。

年老いても、自分の人生を楽しめる。

子どもに精神的に依存し、孫の成長だけが楽しみというような老後ではなく、子どもや孫は関係なく、自分の生き甲斐を持っている。

人の手助けが必要なときには、自分のほうから他者に手助けを頼んだり、援助を依頼したりできる。もちろん、自分自身も、他者に貢献したいという積極的な気持ちを持っている。

これが〝本当の自立〟と言えるでしょう。

今度は両親を育て直す

依存性の強い親子関係を築いていると、それは、介護問題にも直結していきます。

前記しているように依存性が強い関係ほど、相手にしがみつこうとするので、深刻化しやすくなっていきます。

年老いてからでも、自立心は育てられます。

ですから、両親と関わるとき、子どもは、今のうちから「両親を育て直す」という意識で対処していくことが望ましいでしょう。

基本は、老親であろうと、可能な限り「自分のことは、自分でする」です。

子どもの立場である自分が、これをしっかりと自分の土台に据えることができれば、「親をないがしろにしている」といった無用の罪悪感も緩和できるのではないでしょうか。

親が老いていったら、子どもが必ず面倒をみなければならない、というわけではありません。

言われるままに親の依存を許してしまうと、どんどん依存的になっていきます。しかも親が、それをしてもらうことが当たり前になってしまうと、「ありがとう」とは言いません。反対にいつもしていることをしてあげないと、怒り出すでしょう。

少々冷たいように感じても、繰り返しますが、サポートするときは「自分が負担に感じない範囲」が基本です。

それを超えると、親のほうも、

「無理させて、悪いなあ。こんな親で申し訳ないなあ」

などと、心理的負担を負うことになってしまいます。

「自分が負担に感じない範囲」のほうが、自分も親を尊重することになるし、親も自立することができるようになるのです。

その自立心が、心だけでなく肉体の健康にも良い作用をもたらすでしょう。

自立するというのは、〝自負心〟です。自分が我慢しながらやってあげるというのは、逆に、親の自負心を打ち砕いているかもしれません。それは、

「あなたは、何ひとつ一人ではできない、哀れな人間だから、しかたなくやってあげているんですよ」

というメッセージを送っていることになります。

そうなれば、ますます、哀れな人間となっていくでしょう。

ですから介護問題は、自分たちの関係を見直し、改善するチャンスとすることもできるのです。

その人が存在するだけで価値がある

ここ十年ほどの間に、社会全体がすっかり不信の時代になってしまったかのようです。社会全体が嘘、虚偽、隠蔽《いんぺい》、改竄《かいざん》、捏造《ねつぞう》と、あらゆる分野や業界で、「これが社会の実態だったのか」と不信感を抱かざるを得ないことが頻発しています。

心を置き去りにして物質主義に走り、争いあった結果だと言えるでしょう。

仮にそうであったとしても、家庭は最後の砦です。

人間の価値さえも、言葉の重みと現実とは異なります。が、せめて家庭においては、一人一人が「かけがえのない存在」として位置していたいものです。

家族の一人がどんな状態になったとしても、その価値は、変わりません。

認知症になろうが、身体が動かなくなろうが、

「そこに、そうやっていてくれるだけで、ありがとう」

と感謝したくなるような存在としていたいものです。

「自分のことは自分でする」を基本にすれば、人がやってくれたことはすべて「あり

がとう」です。

お互いに相手を認め合えれば、

「そうか、そうだね」

「ああ、そうなんだ」

「ああ、そう思っていたのね」

「ああ、そんな気持ちだったんだ」

「そう言ってくれると、嬉しいなあ」

といった言葉がたくさん出てくるでしょう。

また、そうやってお互いを認め合えれば、もし将来、老親を抱えるあなた自分が認知症になったとしても、

「その人（私）が存在するだけで、価値がある」

と思えるから、自分自身も恐れなくてすむ。そんな親子関係に育て直していきたいものです。

石原加受子

（いしはら・かずこ）

心理カウンセラー。「自分中心心理学」を提唱する心理相談研究所オールイズワン代表。日本カウンセリング学会会員、日本学校メンタルヘルス学会会員、日本ヒーリングリラクセーション協会元理事、厚生労働省認定「健康・生きがいづくり」アドバイザー。「思考・感情・五感・イメージ・呼吸・声」などをトータルにとらえた独自の心理学で、問題解決、生き方、対人関係、親子関係などのセミナー、グループ・ワーク、カウンセリングを行う。『「しつこい怒り」が消えてなくなる本』(すばる舎)、『「なりたい未来」を引き寄せる方法』(サンマーク出版)、『仕事・人間関係「もう限界!」と思ったとき読む本』(KADOKAWA)などベストセラー著書多数。累計150万部を超える。

もう親のことで悩まない本

2023年2月10日　第1刷発行

［著者］　石原加受子
［発行者］　櫻井秀勲
［発行所］　きずな出版
東京都新宿区白銀町1-13　〒162-0816
電話03-3260-0391　振替00160-2-633551
http://www.kizuna-pub.jp
［印刷・製本］　モリモト印刷

ISBN978-4-86663-192-9

きずな出版